동화를 통한
자존감 이야기

동화를 통한 자존감 이야기

© 박점희·은효경 , 2019

1판 1쇄 인쇄 __ 2019년 06월 20일
1판 1쇄 발행 __ 2019년 06월 30일

지은이 __ 박점희·은효경
펴낸이 __ 홍정표

펴낸곳 __ 글로벌콘텐츠
　　　　등록 __ 제 25100-2008-24호

공급처 __ (주)글로벌콘텐츠출판그룹
　　　　대표 __ 홍정표　디자인 __ 김미미　기획·마케팅 __ 노경민 이종훈　편집 __ 권군오 홍명지
　　　　주소 __ 서울특별시 강동구 풍성로 87-6　전화 __ 02-488-3280　팩스 __ 02-488-3281
　　　　홈페이지 __ www.gcbook.co.kr　메일 __ edit@gcbook.co.kr

값 13,800원
ISBN 979-11-5852-247-6 03370

동화를 통한
자존감 이야기

박점희·은효경 공저

글로벌콘텐츠

나의 자존감을 높이고,
타인의 자존감도 높여주는 리더로 성장하기를…

자존감이란 자신을 소중하게 생각하고 존중하고 사랑하는 마음을 말합니다. 나의 생김새나 내가 가진 능력과 상관없이, 스스로가 자신을 가치 있는 존재라고 생각하고, 타인으로부터 가치를 존중받으려는 마음이 자존감입니다.

자존감이 있는 친구는 자신을 소중하게 생각하고 사랑합니다. 그래서 스스로를 믿고 문제를 해결하려고 노력합니다. 반대로 자존감이 부족한 친구는 자신을 낮추어 평가하고 문제에 부딪히면 두려워하거나 피하려고 합니다.

자존감이 있는 친구는 다른 사람과 긍정적인 관계를 유지합니다. 반면 자존감이 부족한 친구는 다른 사람과 긍정적인 관계를 맺는 데 어려움이 있습니다.

예를 들어 학교에서 좋아하는 친구와 한 팀이 되지 못하고 다른 친구와 팀이 되었을 때, 자존감이 있는 친구는 "이 친구에 대해서 잘 알 수 있는 기회가 되겠군!", "친한 친구와 팀이 되면 집중할 수 없으니, 이것도 좋은 기회인 것 같아!"와 같이 긍정적인 것을 떠올리고 좋은 관계를 유지하기 위해 노력합니다.

하지만 자존감이 제대로 형성되지 못해 부족한 친구는 부정적인 것을 먼저 보고 걱정과 두려운 마음을 먼저 가집니다. "난 이 친구를 잘 몰라서 불편해서 싫은데!", "친한 친구와 팀이 되지 않아서 아무것도 할 수가 없어!"와 같이 부정적인 생각 때문에 좋은 관계로 발전하기 힘듭니다. 그 때문에 나의 성장에도 도움이 되지 않습니다.

사람은 누구나 타인으로부터 사랑을 받고 인정받기를 원하는 마음을 조금씩 가지고 있습니다. 그러나 타인으로부터 인정받고 사랑받기란 쉽지 않습니다. 이럴 때 "흥, 보석 같은 나를 몰라봐 주다니" 하기보다, "타인의 인정은 중요하지 않아. 오늘은 내가 나를 인정할래." 하면 어떨까요? 다른 사람들의 반응 하나하나를 모두 신경 쓰다 보면 내가 하고자 하는 것을 이루지 못하기도 합니다. 우리 친구들이 사소한 것에 반응하여 울고 웃기보다, 자존감을 탄탄하게 만들어서 늘 한결같은 사람으로 성장하기를 바랍니다.

그래서 이 책을 준비하였습니다. 〈동화를 통한 자존감 이야기〉는 우리가 생각하지 못했거나 잘 알지 못하는 '자존감'에 대한 이야기를 들려줍니다. 동화에 등장하는 인물들을 통해 자존감이란 무엇인지 알아보고, 동화 속 사건을 통해 어떻게 하면 문제도 해결하고 나의 자존감도 지킬 수 있는지를 고민해 보세요. 생각하고 고민하고 실천하는 과정 속에서 여러분의 '자존감'이 쑥쑥 성장할 것입니다.

박점희

목차

목차

1 자존감, 그게 뭐 길래!

동화를 통한
자존감 이야기

이솝 우화 〈토끼와 거북〉

자존감 상처

자존감,
그게 뭐 길래!

이솝 우화 〈토끼와 거북〉
자존감 상처

::: 동화 속으로

〈토끼와 거북〉은 이솝 우화 중에서 대표적인 이야기이지.

 선생님, 우화가 뭐예요?

우화란 동물 또는 식물이 사람과 같이 움직이며 이야기로 교훈을 전달하는 것을 말해. 2500년 전에 '이솝'이라는 사람이 쓴 이야기기가 대표적이지. 이솝 우화는 자세하거나 길지 않아. 짧고 간결한 이야기 안에 우리들이 생각할 주제들을 담고 있지. 너희들이 알고 있는 이솝 우화도 많을 거야.

어떤 이야기가 생각나니?

나그네의 옷을 벗기려고 내기하던 해와 바람의 이야기, 자기를 구해준 사자가 덫에 걸리자 이로 갉아서 덫을 끊어주던 사자와 은혜 갚은 쥐, 열심히 일하는 개미와 여름 내내 노래 부르는 베짱이 이야기 모두 이솝 우화 중 하나란다.

생각보다 이솝 우화는 참 종류도 많고 친근하지?

그 중에서 우리는 대표적으로 두 가지의 이솝 우화를 뽑아서 이야기 나누어 볼까?

〈토끼와 거북〉 이야기 어떠니? 토끼와 거북이가 달리기 경주를 한다면 누가 이길까?

 당연히 토끼가 이겨요. 그런데 이솝 우화 이야기에서는 거북이가 이겨요.

맞아. 깡충깡충 뛰는 토끼가 당연히 거북이보다 빠르지. 하지만 우리가 아는 이솝 우화는 느릿느릿 거북이가 이기는 이야기지. 거북이가 이길 수 있었던 이유는 뭘까?

토끼가 쌩 달리다가 거북이가 한참 늦을 거라고 생각하고 중간에 잠이 들어 버리지. 그 사이 거북이는 잠시도 쉬지 않고 끈기 있게 기어가서 이긴다는 이야기야.

이솝은 이 이야기를 통해서 무엇을 말 하고 싶었을까?

선생님이 앞에서 말한 성실과 끈기? 대부분의 사람들이 그렇게 이야기하지. 하지만 오늘 우리는 정해진 이야기 말고 다른 이야기를 나누어 보자.

 그런데 왜 많은 동물 중에 토끼와 거북이가 경주를 했어요?

선생님도 그게 궁금해서 생각해 봤단다.

육지 동물 중에서 토끼는 호랑이와 같이 맹수이거나 강한 동물이 아니지. 풀을 먹는 초식 동물이라 성격도 온순하지. 여우처럼 영악하여 남을 속이거나 꾀를 많이 내는 동물은 물론 아니야. 거북이가 두려움을 느끼고 도망가지 않으면서, 같이 경주를 하자고 해도 받아들여질 정도의 동물인 거지.

그리고 거북이는 느린 동물로 달리기 따위는 하지 않을 것 같지만, 쉬지 않고 천천히 움직이는 모습이 끈기 있고 듬직해 보이기도 해. 위기를 느끼면 목을 쏙 집어넣어서 딱딱한 등껍질 속에 숨을 수도 있고, 위험할 때는 얼른 물속으로 들어갈 수도 있지. 토끼는 만만하게 생각했지만, 거북이는 나름 자존감이 강하고 강인한 동물로 볼 수 있지.

토끼가 자존심 세고, 자만심 많은 동물이라면 거북이는 스스로를 믿고 움직이는 자존감 높은 동물로 비교할 수 있을 거야. 토끼와 거북 이야기는 동물의 특징을 잘 드러낸 이야기라 흥미롭고 많은 사람들이 좋아하는 이야기로 유명해졌지.

이솝은 어떻게 토끼와 거북이가 경주를 한다는 생각을 해냈을까?

지금이야 널리 알려진 이야기라 새로울 것도 없지만, 그걸 처음 생각해서 이야기로 만든 이솝은 정말 재미있고 창의적인 사람 같아!

이솝

이솝은 기원전 약 5세기 후반 정도에 살았던 사람이야. 지금부터 2500년 전에 살았던 사람이지. 원래 이름은 '아이소포스'라고 하는데 영어로 발음하면 '이솝'이 되는 거란다. 이솝은 노예의 아들로 태어났대. 원숭이처럼 생겼다고 하는 것을 보니 남들과는 좀 다른 외모였나 봐. 거기에다가 말을 더듬어서 친구도 없이 늘 외톨이였지. 그렇지만 이렇게 재미있는 우화를 지어낸 것을 보면 똑똑한 사람이었던 것 같아. 주인과 하인들이 함부로 대하지 않았대. 노예제도가 있던 그 시대에는 노예를 사고팔 수 있었는데, 이솝은 철학자 '크산토스'에게 팔려갔고, '크산토스'와 지내며 이솝의 지혜가 소문이 자자하게 퍼져나갔대. 임금님까지 그 소문을 듣고 이솝을 곁에 두며 나랏일까지 돕게 했다는구나. 얼마 뒤에 자유의 몸이 된 이솝은 여행을 하는데 그리스의 '델피'라는 곳에 머물렀는데, 이솝을 시기하고 질투하는 사람들이 모함을 했대. 이솝을 감옥에 가두고 사형시키려고 할 당시에 다음의 '개구리와 쥐' 이야기를 들려주었지.

● **모함**: 나쁜 꾀로 남을 어려움에 빠지게 함.

"개구리가 쥐에게 같이 놀자고 했지. 개구리는 쥐의 발과 자기의 발을 한데 묶어 물속에서 놀았어. 개구리는 즐거웠지만 쥐는 물속에서 고통스러웠지. 그때 하늘을 날고 있던 독수리가 쥐를 낚아챘어. 쥐에 딸려 있는 개구리도 딸려 올라가 독수리에게 먹혔지. 어리석은 델피 사람들아, 나를 죽인다면 당신들은 개구리 꼴이 될 것이다."

　그러나 델피 사람들은 이솝을 절벽에서 떨어뜨려 죽였어. 그런데 이솝의 말이 맞았던 걸까? 이솝의 예언처럼 델피에 무서운 전염병이 돌아 사람들이 많이 죽었대. 델피 사람들은 그때서야 이솝의 말을 무서워하며 큰 피라미드를 세우고 이솝의 제사를 지냈다고 해.

　하지만 이솝에 대한 이야기들이 부풀린 이야기라고 주장하는 사람들도 있어. 2500년 전의 사람이니 이솝에 대한 이야기가 어떤 것이 정확하게 맞는지 알 수가 없지만 확실한 건 이솝의 이야기는 재미있고 흥미롭다는 것이야. 이야기가 짧아서 너희들도 어려서부터 즐겨 듣거나 읽었을 거야. 이야기 속에는 동물이 주로 나오고 가끔 사람이 나오기도 해. 동물의 이야기로 사람들에게 웃음과 교훈을 주다니. 선생님은 이솝이 천재라는 생각이 들어.

　너희들도 일기나 글을 쓸 때, 동물이나 사물을 사람처럼 생각하며 쓸 때가 있지?

　그런데 그런 방법을 제일 처음 생각해 낸 사람이 이솝 아닐까?

경쟁과 배려

얘들아, 우리 사회는 요즘 경쟁이 굉장히 심하지?

시험에서 좋은 성적을 받으려고 경쟁하고, 남들보다 잘 해야 한다는 생각으로 스트레스도 심할 거야. 경쟁은 남들보다 잘 하고 싶은 마음을 크게 만들어 더 열심히 하게 만들기도 하지. 하지만 대부분은 그 경쟁 때문에 공부나 일이 하기 싫어지기도 한단다.

아프리카에 사는 '스프링복'이라는 양이 있대. 많은 수가 동시에 뛰다가 막다른 곳의 낭떠러지가 나오면 대부분이 떨어져 죽는 경우가 있대.

 왜 낭떠러지로 뛰어들어 죽어요?

스프링복은 아프리카 초원의 풀을 뜯어 먹으며 무리를 지어서 다니는데, 아프리카가 풀이 넉넉하지 않다는 것은 알고 있지? 그래서 앞에 가는 양이 풀을 다 뜯어 먹어 버리면 뒤에 따라가던 양은 먹을 게 없는 거야. 그래서 뒤에 가는 양은 앞의 양보다 더 앞서가려고 뛰어간대. 그러면 그 뒤의 양들 모두 덩달아 앞서가려고 뛰어가지. 그러다 보면 어느덧 모든 양들이 동시에 뛰어간대. 나중에는 왜 뛰어가는지도 모르면서 뛰어간다는구나. 그러다가 막다른 곳의 낭떠러지가 나오면 멈추고 싶어도 뒤에서 뛰어오는 양들 때문에 멈추지 못하고 한꺼번에 떨어져 버리지.

 너무 불쌍해요!

우리도 경쟁을 많이 하게 되지? 남보다 더 앞서가려고 마구 뛰어간다면 이 스프링복처럼 왜 뛰는지도 잊어버리고 위험해질 거야.

 그럼 경쟁을 하지 말아야 하나요?

그건 아니란다. 경쟁을 한다면 그건 내 자신과 하는 것이 어떠니?
어제의 나보다 오늘 더 나은 하루를 보내는 것, 이것이 어제의 나와 오늘의 내가 경쟁하는 거야. 어떤 날은 그 전날의 나보다 더 못할 수도 있고, 1년 전의 나보다 더 나아지지 않아서 실망하는 날도 있을 거야. 하지만 더 나아지고 성장하기 위하여 노력하는 시간들이 많아지면 나는 더 나은 내가 되어 가는 거지.

남과의 경쟁이 필요할 때도 있어.
선의의 경쟁이라는 말 들어 보았니?
남과 경쟁하지만 그것이 남을 눌러버리거나 깎아내리는 것이 아니라, 남과 내가 같이 성장할 수 있도록 경쟁을 하는 거야. 친구와 공부하는 것으로 선의의 경쟁을 한다면, 열심히 공부하는 친구만큼 나도 잘하려고 노력을 하는 거지. 내 노력에 대한 만족을 한다면 결과가 친구보다 잘 나오지 않았더라도 노력하는 과정에서 느꼈던 즐거움을 알 수 있을 거야. 그리고 선의의 경쟁을 하는 친구가 잘했을 때, 멋지게 말하는 거지.

"너 정말 잘했어. 좋은 결과가 나온 거 축하해!"라고.

::: 자존감을 지켜주세요

토끼랑 거북이랑 자존감에 대한 이야기를 나누다

토끼와 거북을 불러서 너희들을 대신하여 내가 질문을 좀 해 볼까?

이야기하는 풍경을 표정까지 표현하여 이야기 해 볼 테니 들어보렴.

선생님 너희 둘 중에 누가 자존감이 높다고 생각하니?

토끼 저요, 저요! 제가 거북이 보다는 자존감이 높아요. 내가 잘할 수 있다는 마음, 경기에서 이길 수 있을 것 같은 느낌, 저는 항상 이길 거라고 생각하고 있어요.

선생님 오우! 토끼야. 그건 자존감이 아니고 토끼 너의 자신감인 것 같구나.

거북 그럼 그렇지. 잘난 척 쟁이 토끼는 자존감이 뭔지도 모르면서.

토끼 그러는 넌, 넌 뭐 아냐?

거북 자존감은 말야, 시합에서 이길 거 같고, 남보다 내가 잘할 거 같은 그런 기분과는 다른 거야. 자존감은 내가 나를 아주, 아주 소중하게 여기는 거야.

그렇다고 남을 우습게 봐서는 안 돼.

남과 비교하는 것이 아니고, 내가 나를 스스로 믿는 거야.

토끼 넌 말야, 남이 널 어떻게 볼지에 대해 신경을 많이 쓰는 거 같아. 그렇게 끊임없이 남을 신경 쓰고, 이기려고만 하면 넘 피곤하지 않냐? 그리고 다른 사람이 잘못하거나 어려움에 처한 것을 지켜보면서 즐거워하는 건 절대 자존감 높은 게 아니야.

자존감은 나를 소중하게 하는 만큼 남도 소중하게 생각해야 하는 거야.

토끼 잘난 척하기는!

거북 잘난 척하다가 시합에서 진 건 누군데?

토끼 시합한 건 이야기도 하지 마.

내가 진 시합 따위 말하고 싶지도 않아.

거북 토끼 넌 네가 잘할 것만 떠들고 말하고 싶지?

네가 진 시합이나 네가 잘못한 것은 언제 그랬냐는 듯이 모른 척하고, 남들이 얘기하면 더 이상 말도 못 하게 하고. 넌 자존심만 센 거 같아.

토끼 자존심이 자존감 아냐?

거북 얘가 이렇게 뭘 모른다니까. 무식한 게 달리기만 빠르면 다냐?

자존심은 다른 사람과의 경쟁을 통해서 자신에 대해 긍정적으로 생각하는 거고.

자존감은 나의 있는 모습 그대로 나를 좋아하고 소중하게 생각하는 거야.

그러니 넌 자존심만 센 거고, 나는 자존감이 높은 거지.

토끼 (얼굴이 붉으락푸르락 열이 오르는 듯 씩씩거리며)

자신이 소중하다고 남을 우습게 여기는 것도 자존감 높은 건 아니라고 그래 놓고 너 지금 날 우습게 생각하는 거야?

선생님 이러다가 우리 싸우겠는걸. 좀 진정하고 이야기하자.

자존감에 대해서 선생님이 좀 알려 줄게.

자존감이라는 말은 1890년대 윌리엄 제임스라는 미국의 의사 선생님이 처음 사용하기 시작했대. 이 자존감은 너희도 알다시피 가족이나 친구, 선생님 등 주변 사람들의 말에 높아지기도 하고 낮아지기도 해.

자존감이 약한 사람은 다른 사람을 친구로 보는 것이 아니라 적이라고 생각하고 이기려고만 해. 그래서 내가 대단하고 잘난 사람으로 보이려는 행동을 하고, 자기 자신을 제대로 알지 못하여 남들보다 무조건 잘할 거라는 생각을 가지고 남을 우습게 보거나 낮추어 보다가 외톨이가 될 수도 있어.

그렇게 외톨이가 되면 모든 일에 적극적으로 나서지 않고, 열심히 하지도 않으면서 이길 수 있는 방법만 찾으려고 해.

거북 토끼처럼요?

토끼 (거북을 째려보며) 선생님, 거북이가 더 이상 저에게 상처 주는 말하지 못하도록 해주세요.

거북 아니, 뭐 상처를 주려고 한 말은 아니었는데. 미안해.

⠿ 등장인물의 입장에서 생각해보자

토끼와 거북에 대해 이야기 해 볼까?

 선생님, 거북이는 분명 자신이 느리다는 것을 알면서도 시합을 하자고 한 이유가 뭐예요? 토끼가 중간에 잠을 잘 거라는 것을 미리 알고 있었어요?

그렇지는 않았을 거야. 처음에는 너무 잘난 척하는 토끼 때문에 갑자기 제안했을지도 모르지. 하지만 우리가 생각해도 토끼와 거북이의 시합은 말이 안 되는 거 아닐까?

시합은 비슷한 실력으로 승부를 내야지 이렇게 실력 차이가 많이 나는 시합은 하나 마나라는 생각을 하게 되지. 그런데 거북이는 이 시합에 아주 성실하게 참여해. 거북이는 새로운 것에 대한 도전인 거지. 이길 수 있는 시합만 참여할 수도 있지만, 절대 이기지 못할 것 같은 시합에서도 좌절하거나 주눅 들지 않고 당당하게 맞서는 거북이 모습이 어떠니? 이 시합에서 토끼는 이기더라도 당연한 것이고 그다지 명예로운 일은 아니지. 거북이와 시합에서 모두 토끼가 이길 거라고 생각하니까. 하지만 거북이의 승리는 모두에게 충격이고, 이야깃거리가 될 것이고, 박수를 받을 거야. 불가능한 일이 가능하게 된 것이니까.

와! 그럼 거북이는 정말 대단한 일을 한 거네요.

다르게 생각해 볼까?

거북이는 처음부터 이기고 지는 것에 그다지 관심이 없었을지도 몰라. 거북이는 토끼가 빠른 것을 뻔히 알고 있잖니.

그러니 이 시합을 하면서 그냥 경주 자체를 즐기지 않았을까?

이기고 지는 것이 중요한 것이 아니라 경주 자체를 하나의 놀이로 생각하며 해보자고 생각했을지도 모른다는 생각이 들어. 친구 거북이와 같이 경주하는 것보다 토끼와 경주해 보는 것이 새로운 경험이니 흥미로웠을 거야. 경쟁에서 이기려고만 하지 않으면 우리는 더 많은 즐거움을 느낄 수 있단다.

경주를 하면서 쌩 달리는 토끼는 주변의 나무와 꽃과 풀들을 보았을까?

달리기만 급급해서 예쁜 꽃도 제대로 볼 시간을 갖지 못했을 거야. 그런데 거북이는 느릿느릿 가면서 예쁜 꽃, 작은 풀 한 포기도 다 볼 수 있었고 그 향기도 맡았을 거야.

경주하면서 토끼와 거북이 중에서 누가 더 많은 세상을 보았을까?

누가 더 즐거웠을까?

 와! 그렇게 생각하니 빨리 달리는 것보다 꽃을 한 번 더 보는 것이 중요한 것 같아요. 그리고 거북이는 정말 자존감이 높은 것 같아요!

오늘의 뉴스 주인공은
'거북'

News   신나는 미디어 신문

이솝 우화에는 참 많은 동물이 등장한다. 또한 각 동물의 성격적인 특징이 있다. 여우는 꾀가 많다거나 토끼는 약삭빠르다거나 사자는 용맹스럽지만 여우의 꾀에 당하는 어리숙한 부분도 있다거나 하는 등의 성격. 그래서 이솝 우화 때문에 동물에 대한 선입견도 생겼다. 오늘은 그중에서 거북이 이야기를 좀 해보려고 한다.

토끼와 거북이의 거북은 어떤 특징이 있을까?

일단 타고나게 느리다는 것 외에 시합 하는 동안의 거북을 지켜보니 끈기가 있고, 성실하다는 것을 알 수 있다. 포기하지 않으면서 도전정신도 있다.

거북은 정말 신비하다. 물속과 물 밖에서 동시에 살 수 있는 동물이고 우리의 신화 속에도 등장한다. 우리나라 역사에서 '가야'를 세울 때 '거북아, 거북아 머리를 내어라 ~'라는 노래를 불렀다. 바로 '구지가'라는 노래인데, 하늘에서 응답하여 나타난 여섯 개의 알에서 여섯의 동자가 태어나 왕이 되었다. 그중 한 명이 가야를 세운 김수로 왕이다.

지구상에서 2억 3천년을 살아온 거북을 우리의 조상들은 장수의 상징으로 아주 귀하게 여겼다. 임금이 쓰는 도장인 옥새의 손잡이에 거북의 모양이 새겨지기도 했다.

우리 조선 시대에 불렀던 판소리의 '수궁가'에는 용왕님의 병을 고치기 위하여 토끼의 간을 구하러 거북이 육지로 오기도 한다. 이렇듯 거북은 우리 역사 속에도 등장하고, 일반인들 이야기 속에도 등장하는 자존감 높은 동물이다.

-박신나 기자

2 엄마는 그래도 되는 줄 알았어

동화를 통한
자존감 이야기

〈돼지책〉

엄마의 자존감은
제가 세워드려요

2

엄마는 그래도
되는 줄 알았어

〈돼지책〉
엄마의 자존감은 제가 세워드려요

::: 동화 속으로

　〈돼지책〉은 피곳 씨 가족의 모습을 보여주는 동화야. 아주 중요한 회사에 다니는 피곳 씨와 아주 중요한 학교에 다니는 두 아들, 그리고 집안일도 하고 회사도 다니는 엄마가 등장하지. 피곳 씨와 두 아들은 아주 중요한 곳을 다니기 때문에 집에서는 아무것도 하지 않지. 그래서 집안일은 모두 엄마가 해야만 해. 아무도 도와주지 않아서 힘들어하던 엄마는 결국 편지 한 장을 써 놓고 집을 나가게 되지. 그런데 엄마가 사라진 뒤부터 돌봐 줄 사람이 없어진 피곳 씨와 아이들은 조금씩 이상하게 변하기 시작하는 거야. 어떻게 변했냐고? 그건 우리 친구들이 직접 책을 읽고 찾아봐. 그리고 선생님에게도 이야기해 주렴.

앤서니 브라운

이 책을 쓰고 그린 사람은 앤서니 브라운(1946~) 씨야. 앤서니 브라운 씨는 영국에서 태어났으며, 그래픽 디자인을 공부한 분이란다.

그래픽 디자인이 뭐냐고?

예를 들면 포장지 등의 디자인과 같이, 같은 이미지(그림)를 여러 번 찍어낼 수 있도록 만드는 디자인을 말해. 포장지 외에도 신문이나 잡지의 광고, 또는 책 표지의 그림들을 똑같이 여러 번 찍어내기 위해 만든 그림을 말하기도 하지. 이해되었니?

> ● 그래픽 디자인: 같은 디자인을 여러 번 인쇄하여 찍어 내기 위해 만든 디자인.

앤서니 브라운 씨는 왕립 병원에서 의학 전문 화가로도 일했어. 의학 전문 화가는 병원에서 일어나는 일을 그림으로 그려서 기록으로 남기는 사람을 말해. 지금은 동영상 촬영을 해서 병원 기록을 남기지만, 예전엔 그런 기계가 흔하지 않았기 때문에 직접 수술 장면 등을 사람이 그림으로 그려서 남겼단다. 앤서니 브라운 씨는 병원에서 화가뿐 아니라 학생들을 가르치기도 하셨지. 또 연말이나 신년이 되면 연하장도 디자인하셨지. 연하장이 뭐냐고? 간단히 말하면 새해를 축하하기 위해 글이나 그림을 담아 보내는 카드나 엽서를 말해. 지금은 이메일이나 문자로 새해 인사를 하지만, 옛날엔 대부분의 사람들이 엽서나 카드에 안부를 묻는 글을 써서 보냈지. 새해의 의미가 담긴 그 엽서나 카드를 연하장이라고 부르지. 앤서니 브라운 씨의 그림은 남들과는 다른 창의적인 스타일로, 많은 사람들에게 사랑받았어. 〈돼지책〉의 그림이 아기자기한 것도 바로 디자인이 뛰어나기 때문일 거야!

친구들 중에 혹시 〈고릴라〉나, 〈동물원〉을 읽은 사람 있니?

 저, 읽었어요.

우와! 여기저기서 '저요!'하고 외치네. 우리 친구들이 재미있게 읽은 〈고릴라〉나 〈동물원〉 역시 앤서니 브라운 씨의 작품이지. 그리고 앤서니 브라운 씨는 이 책으로 '케이트 그린어웨이 상'이라는 상을 두 번이나 받았단다. 앤서니 브라운 씨의 그림은 기발한 상상력과 특이한 그림으로 작품마다 우리 친구들에게 사랑받고 있어.

● 케이트 그린어웨이 상: 영국의 그림책 화가인 케이트 그린어웨이를 기념하기 위해, 가장 뛰어난 작품을 그린 화가에게 수여하는 상.

::: 표지 읽기

〈돼지책〉이라는 제목을 들었을 때 너희는 어떤 책일 것이라고 생각했니? 선생님은 돼지가 주인공인 책일 것이라 생각했단다. 그런데 표지를 보니 돼지가 아니라 사람이 그려져 있었어. 선생님의 생각과는 달랐던 거지.

너희들은 표지에서 무엇을 보았니?

 엄마가 아빠랑 두 아들을 업고 있어요. 정말 무겁겠어요.

그러게. 아무리 봐도 아빠가 엄마보다 더 뚱뚱해 보이는데 말이야. 아빠는
아주 편안한 얼굴로 엄마 등에 업혀 있는 것 같아!

 맞아요. 아빠랑 아들들은 웃고 있어요.

그렇지. 하지만 엄마의 얼굴에는 표정이 없지. 왜 그럴까?

 세 사람이나 업고 있어서, 많이 힘들어서 그런 것 같아요.

그렇지. 모두를 업고 있어야 하니, 힘이 든 엄마는 웃을 수 없가 거지.
또 뭐가 보이니?

 이제 보이는 게 없는데요?

그럼 〈돼지책〉의 바탕색을 살펴볼까? 분홍색이지? 왜 분홍색을 썼을까? 이
문제는 정확한 답이 있는 것은 아니야. 선생님은, 분홍색은 여자를 상징한다
고 생각해. 이렇게 말하면 양성평등에 맞지 않는다고 말하는 친
구들도 있을 거야. 그런데 옛날에는 분홍색이 여성을 상징한다
고도 생각했었거든. 그러니까 분홍색을 바탕색으로 썼다는 것은
이 이야기의 중요한 인물이 엄마라는 것을 색깔로 드러내고 있는 것이 아닐
까 싶어. 그런데 왜 제목이 〈돼지책〉일까? 표지에는 돼지가 한 마리도 보이지
않는데 말이지.

● **양성평등**: 남자와 여자가 모
두 평등한 것.

아빠와 아들이 돼지로 바뀌잖아요.

와우! 책을 읽어서 알고 있구나. 맞아! 책 속에서 엄마가 남편과 아이들에게 남긴 메모에 그렇게 쓰여 있었지.

자, 그럼 피곳 부인을 만나러 책 속으로 들어가 보자.

::: 동화로 읽는 사회 이야기

가부장제

〈돼지책〉 속에는 우리 사회의 다양한 모습 가운데 '가부장제'라는 모습을 찾아볼 수 있어.

 가부장제가 뭐예요?

'가부장제'란 한 가정(집)의 가장이 가족에 대하여 강한 권한(힘)을 가지는 가족 형태를 말해.

 가장은 뭐예요?

어느 집마다, 그 집의 어른이 있잖아. 그 어른을 가장이라고 해. 그리고 가장이 그 집에서 가장 힘센 권력을 가지는 것을 우리는 '가부장제'라고 말하지. 가장이 가족을 이끌기 어려울 때에는 가장의 자리를 아들이나 다른 후계자에게 물려주기도 한단다..

가부장제는 남성과 여성을 나누고, 아빠와 엄마 그리고 자녀의 역할을 정하기도 해. 예를 들면 아빠는 남성으로 밖에서 돈을 벌어 오고, 엄마는 여성으로 집안에서 일을 하는 것이지. 지금 우리 사회에서는 많이 사라졌지만 옛날에는 아빠의 역할은 매우 중요하고, 엄마의 역할은 중요하지 않다고 생각했었어. 이렇게 각자의 역할을 나누고, 가장이 얼마나 중요한 일을 하고 있는가를 보여주던 것이 가부장제 사회였단다.

 〈돼지책〉에 나오는 피곳 씨가 그럼 가장이에요?

맞아! 〈돼지책〉의 아버지와 아이들의 모습이 바로 가부장제의 모습이야. 중요한 회사에 다니는 아버지와 중요한 학교를 다니는 아이들이 나오지.

피곳 씨와 두 아들인 사이먼과 패트릭은 아침마다 "빨리 밥 줘."를 외치지. 그리고 밥을 다 먹고 나서는 휑하고 나가버린단다.

이렇게 피곳 씨와 아이들이 가고 난 후 엄마는 무엇을 했을까? 너희들의 엄마는 무엇을 하시니?

 청소도 하시고 빨래도 하시죠.

맞아. 아빠와 아이들이 정리하지 않고 그냥 둔 것들을 모두 정리하시지.

남자는 이런 일을 하면 안 되는 것처럼 말이야.

어때? 가부장제가 무엇인지 이해가 되니?

 피곳 부인도 정말 많은 일을 하는데, 왜 중요하다고 말하지 않아요?

그러게 말이야. 피곳 부인도 일을 하러 다녔지만, 가부장제 사회에서 여성의 일은 아주 하찮은 것이라 여겼기 때문이지. 우리는 여성과 남성이 평등하고 직업에는 귀하고 천한 것이 없다는 것을 배워서 아는데, 옛날 사람들이 살던 때는 그렇지 않았나 봐.

::: 등장인물의 입장에서 생각해보자

앞에서 우리는 가부장제 사회와 그 속에서 일만 하며 희생하는 엄마를 만나봤어. 자, 그러면 지금부터는 우리들의 엄마 이야기를 해 볼까?

여러분의 엄마는 어떤 모습이니? 긴 생머리, 곱게 화장한 얼굴, 빨간 매니큐어를 바른 손?

 맞아요. 우리 엄마는 긴 생머리에 예쁘게 화장을 하고 다니셔요.

그렇지. 정말 예쁘고 고운 모습이란다. 아마도 누구 엄마가 더 예쁘냐고 물으면, 대부분의 친구들이 "우리 엄마요!" 하고 대답할걸!

그런데 여러분의 엄마들도 여러분만큼 어리고, 고운 시간이 있었다는 거 알고 있니? 그때에는 여러분과 같이 화가도 되고 싶었고 선생님도 되고 싶은, 꿈 많은 소녀였지. 그 소녀들이 중고등 학생을 지나 청년이 되고 여러분의 아빠를 만나 사랑을 하고 결혼을 하지. 그리고 여러분을 낳으면서 엄마가 된 거야. 여러분의 엄마들도 처음부터 엄마는 아니었단다.

 맞아요. 우리 엄마도 가끔, 어렸을 때의 이야기를 해 주셔요.

맞아. 그럼 엄마는 언제 행복할까? 〈돼지책〉에 등장하는 우리의 주인공 엄마는 늘 무표정한 얼굴로 일하시지. 오랜 시간 집을 비웠다가 다시 돌아오시기 전까지 말이야. 아마도 일만 하는 엄마는 행복하지 않았나 봐!

 저희 엄마는 일 끝내고 커피 드실 때 행복하다고 하셨어요.
저희 엄마는 새 옷 사실 때요.
 아! 제가 공부 잘할 때도 행복하다고 하셨어요.

오호! 그때에도 행복하시겠구나! 그런데 얘들아, "엄마라서 행복해요."라는 말을 들어봤니? 많은 엄마들이 가장 행복했다고 생각했던 때는 바로 '아이를 낳았을 때'였다고 해. 그리고 '여자는 약하다. 그러나 어머니는 강하다'는 말처럼, 연약한 소녀가 시간이 지나면서 강한 엄마로 점점 바뀌어 가지.

맞아요! 우리 엄마는 힘이 세요. 굉장히 무섭거든요.

그래. 그렇게 생각할 수도 있을 거야. 하지만 엄마들은 엄마로서의 역할을 잘 해내기 위해 강해진 거지, 처음부터 무섭고 억센 건 아니었단다. 그렇다고 늘 강하기만 한 건 아니야. 엄마들이 한없이 약해질 때가 있는데, 바로 너희들 때문이란다. 너희가 아플 때, 너희들이 걱정될 때, 그리고 너희들을 위할 때.

자, 그럼 이번에는 여러분에게 물어볼게. 너희들은 언제 가장 행복했니?
생일날 마음에 드는 선물을 받았을 때? 엄마 아빠가 안 사주시던 것을 산타할아버지께 받았을 때? 또는 정말 갖고 싶었던 스마트폰을 가졌을 때?
혹시 "엄마가 함께하고 있어서요."라고 대답한 친구 있니? 선생님이 다른 친구들에게 물어보았는데, "엄마와 함께 있어서요."라고 대답한 친구가 거의 없더라고. 아마도 우리는 '엄마'는 당연히 그래야 한다고 생각해서 잠시 잊고 있었던 건 아닐까?

영국문화원에서 사람들에게 '가장 아름다운 단어'를 뽑아달라는 설문조사를 했어. 설문조사가 뭐냐고? 사람들에게 궁금한 것을 물어보고, 그 답을 정리하여 궁금한 것을 해결하는 조사 방법이야. 조사한 후에는 사람들이 대답한 내용을 같은 것끼리 묶어서 숫자를 센 다음, 어떤 나이의 사람들이 어떻게 답했는지를 정리해서 발표하지.

조금 전에 말하던 '가장 아름다운 단어'로 돌아가서, 여러분은 어떤 단어를 말하고 싶니? 꽃, 우정, 친구? 설문조사의 결과는 'Love(사랑)'와 'Family (가족)'를 제치고 'Mother(어머니)'가 1위를 차지했어. 사람들은 왜 어머니를 1위로 답했을까?

 아마, 어머니가 자신을 아끼지 않고 가족과 가정을 위해 애쓰시기 때문 아닐까요?

엄마는 그래도 되는 줄 알았습니다.
배부르다 생각없다 식구들 다 먹이고 굶어도

이 글은 심순덕 님의 〈엄마는 그래도 되는 줄 알았습니다〉 중에서 두 줄 가져왔어. 여러분의 엄마도 혹시 이럴 때 있니?

엄마는 그래도 되는 줄 알았습니다.
하루 종일 회사에서 일하시고 집에서 또 일해도

엄마는 그래도 되는 줄 알았습니다.
한겨울 학교 앞에서 내 가방을 들어주기 위해 기다려도

엄마는 그래도 되는 줄 알았습니다.

이 글은 선생님이 여러분의 엄마 모습을 심순덕 님의 글처럼 써 보았어. 어때? 너희들의 엄마와 비슷하지 않니? 선생님이 질문을 할 테니, 여러분이 엄마만큼 나이를 먹었다고 생각하고 대답해 보렴.

엄마는 정말 그래도 되는 걸까? 하루 종일 밖에서 일하시고 또 집에서 일하시고 말이야.

 전 엄마만큼 나이를 먹으면, 회사도 다니고, 친구도 만나고, 놀러 다니고 할 거예요.

그래. 일하는 것도 중요하지만 친구도 만나고 혼자 놀러도 다니는 시간이 필요하지. 이건 어디까지나 혼자인 너 자신이 하고픈 것을 이야기 한 것이지. 하지만 너희들의 엄마도 하고 싶은 대로 하고 계실까?

〈돼지책〉에서는 두 아이가 좋은 학교에 다니는 것이 중요하고, 아빠가 회사에서 더 많은 돈을 벌어오는 것이 중요하다고 생각했나 봐. 그럼 엄마는 정말 중요하지 않은 걸까?

〈돼지책〉 결말 부분에서 피곳 씨와 두 아들은 결국 엄마가 얼마나 중요한 사람인지를 알게 된단다. 그래서 엄마를 위해 힘을 보태기도 하지. 한번 생각해보렴. 만약 너희가 피곳 씨의 아이라면, 너희는 엄마를 위해 지금부터 무엇을 할 수 있을까?

::: 자존감을 지켜주세요

부모님의 자존감 세워드리기

앞에서 우리는 자존감을 잃어가던 피곳 부인이 자존감을 찾게 되는 과정을 살펴봤어. 우리 친구들은 어떤 때에 피곳 부인처럼 자존감이 낮아지니? 다른 친구들처럼 부모님께 혼났을 때?

국립국어원에서 우리 친구들과 비슷한 아이들을 대상으로 부모에게 가장 듣고 싶어 하는 말이 무엇인지 조사했어. 너희들은 어떤 말을 가장 듣고 싶니?

결과에서 가장 많은 답이 나온 것은 "잘했어.", "수고했어."와 같은 칭찬의 말이었데. 여러분도 조사에 대답한 친구들과 같이 생각했니? 우리 친구들도 듣고 싶은 말을 들으면 자존감이 팍팍 올라가겠지?

그렇다면 부모님들은 어떤 말을 가장 듣고 싶어 하실까? 아마도 우리 친구들 중에는 "엄마, 나 1등 했어."와 같이 성적과 관련된 말이라고 생각하는 친구들이 많을 거야.

하지만 엄마도 우리 친구들처럼 칭찬의 말을 듣고 싶어 하신다네. "엄마, 수고하셨어요.", "엄마, 맛있어요.", "엄마, 정말 좋아요."와 같은 말이 듣고 싶으신 거지. 오늘부터 엄마께 한 번씩 해 볼까?

여러분의 자존감도 중요하지만, 여러분의 자존감을 세워주시는 엄마의 자존감도 아주 중요니까. 물론 엄마의 자존감은 엄마 스스로도 세울 수 있지만, 여러분이 세워드린다면 엄마는 더 행복하시겠지?!

결혼을 하지 않는
남녀 늘어…

News　　　　　　　　　　　　　　　　신나는 미디어 신문

한국에서 결혼이란 단순히 남녀가 함께 사는 것이 아니다.

남성은 가족의 생활을 짊어져야 하는 의무를 지게 된다. 반면 여성은 가사노동과 아기를 돌보는 일을 혼자 부담해야 하며, 그것으로 인해 사회 경력이 끊기는 것을 받아들여야 한다.

이처럼 결혼을 통해 겪어야 할 어려움이 많기에 결혼을 하지 않는 비혼이 늘고 있다.

비혼은 스스로 결혼을 거부하기

도 하지만, 경제적 어려움과 새로운 관계 유지에 대한 부담, 그리고 사라질 자유에 대한 우려 등의 현실적인 이유 때문에 거부한다. 이러한 현실적인 이유는 남성보다 여성이 더 무겁게 느끼고 있다.

통계청 자료에 의하면 여성이 하루 동안 가정에서 일하는 시간은 남성의 1시간보다 더 많은 3시간으로 나타났다.

미국 조지아 서던 대학교 켈리 설리번 박사 연구팀의 설문조사 결과 엄마의 수면시간이 부족한 것으로 나타났다. 갓난아이가 있는 집에서는 시도 때도 없이 울고 깨는 아이 때문에 수면 부족에 시달려야 하는 부담도 있었다.

부모가 공평하게 육아를 하면 좋겠지만, 아빠의 수면시간은 그대로 유지되는 반면 엄마의 수면시간은 부족했다.

-박신나 기자

3 착하게
살고 싶은 소원은
이루어졌어

동화를 통한
자존감 이야기

〈강아지똥〉

나의 자존감은
스스로 높여주세요

착하게 살고 싶은 소원은 이루어졌어

〈강아지똥〉
나의 자존감은 스스로 높여주세요

::: 동화 속으로

돌이네 흰둥이가 골목길 외딴 구석에 똥을 누었어. 흰둥이가 조그마한 강아지니까 강아지똥이지. 강아지똥은 날아가던 참새, 어미 닭, 흙덩이를 통해 자신이 '더러운' 강아지똥이라는 것을 알게 돼. 혼자가 된 강아지똥은 "어떻게 착하게 살 수 있을까? 아무짝에도 쓸모없을 텐데…."라고 중얼거렸어. 그때 강아지똥 앞에 파란 민들레 싹이 돋아났어. 민들레 싹은 강아지똥에게 꽃을 피우려면 꼭 필요한 것 한 가지가 있다고 말했어. 그것이 무엇일까? 그리고 민들레는 예쁜 꽃을 피웠을까? 우리 친구들이 〈강아지똥〉에서 확인해 봐.

권정생 글, 정승각 그림

친구들은 동화 〈강아지똥〉 하면 어떤 사람이 떠오르니?

맞아. 대부분의 사람들이 고 권정생 작가를 떠올리지. 그런데 한 분 더 알아야 하는 사람이 있어. 강아지똥이 그림동화로 세상에 나오도록 아이디어를 내고 그림을 그린이가 정승각 씨란다.

이 동화는 고 권정생 작가가 '기독교 아동 문학상'에 제출하기 위해 쓴 글이었어. 상을 받은 후에 글로 인쇄된 작품이 세상에 나온 거지. 그런데 똥을 주제로 해서인지 사람들이 많이 읽지 않았지.

똥이 어때서요?

그러게요. 똥에 관한 책이 얼마나 재미있는데요!

맞아. 지금은 똥이 유익하다는 것도 알고 재미있는 이야기가 될 수 있다는 것도 알지만, 옛날 사람들은 더럽고 하찮은 똥이 등장하는 이야기를 좋아하지 않았던 것 같아.

하지만 정승각 아저씨께서는 고 권정생 아저씨에게 "그림책으로 만들어 보면 어떻겠습니까?"라고 제안을 하면서 그림책으로 새롭게 만들어졌지. 더러운 강아지똥이지만 앙증맞고 귀엽게 다시 태어나면서 사랑받기 시작한 거야.

정승각 아저씨는 강아지가 똥 누는 모습을, 몇 시간 동안 비를 맞아가면서 아주 많이 관찰했단다. 그렇게 해서 실감 나게 그려진 것이 바로 우리의 〈강아지똥〉이지. 어때, 고 권정생 작가도 대단하시지만, 그림책으로 세상에 나오게 만든 정승각 아저씨도 대단하시지?

::: 표지 읽기

자, 그럼 책 표지를 읽어 보자. 뭐가 보이니?

 돌이랑 강아지요.

그렇지. 그림의 왼쪽에는 돌을 쌓아 만든 돌담이 길게 있지. 가운데에서 조금 아래쪽에는 흰둥이가 똥을 누고 있군. 이 장면은 책 속에서도 잘 설명이 되어 있으니 찾아보렴.

그림에서 지금 말한 것 외에 더 본 것은 없니?

 흰둥이 똥에서 하얀 연기가 나요.

아하! 너희도 보았구나. 똥 주변에 하얀 김이 모락모락 올라오는 거. 그건 어떤 의미일까? 강아지똥도 그렇지만, 책 속에서 글로 설명하지 않았어도 그림으로 알 수 있는 것들이 있어. '하얗게 모락모락 피어오르는 김'처럼 말이지. 이걸로 무엇을 알 수 있냐고? 너희는 어떤 때에 저런 김을 보았니?

 추운 겨울에 입에서 나오는 입김이요.
뜨거운 호빵에서도 모락모락 김이 피어나요.

맞아! 바로 그런 느낌이지. 그러니까 계절은 겨울이야. 계절이 겨울이라는 건 돌담을 봐도 알 수 있어. 누런 돌 사이로 풀 한 포기 보이지 않지.

이 장면은 책 속에서 다시 볼 수 있어. 책 속의 그림은 표지보다 조금 더 자세히 그려져 있어. 저기 돌담길 아래에 어둡게 그려진 그림자가 보이니? 무엇의 그림자일까? 책 속에서 우리 친구들이 직접 확인해 보도록 하자.

::: 동화로 읽는 사회 이야기

똥의 쓰임

우리 속담 중에 '개똥도 약에 쓰려면 없다'는 말이 있어. 흔한 것도 꼭 필요할 때는 없다는 뜻이야. 그만큼 길가에 개똥이 많다는 이야기도 되는 거지. 그런데 혹시 개똥을 진짜 약에 쓰려고 찾은 건지 궁금하지 않니? 실제로 허준이 쓴 〈동의보감〉이라는 한의학책에 보면 '백구시'라는 약이 있는데, 바로 흰 개의 똥을 말려 만든 것이지. 우리 강아지똥처럼 말이야. 이걸 어떻게 먹냐고? 불에 태운 후 술에 타서 마시면 독을 풀어주고, 뭉친 몸을 풀어준다는구나. 일본에서는 휘파람새의 똥으로 미백화장품을 만들기도 했다고 해.

사실 똥은 이처럼 쓸모가 있는데도, 부정적이고 쓸모없는 것으로 여기는 경우가 많지. 그럼 과거와 현재에는 똥이 어떻게 쓰였는지 잠시 살펴보자.

과거 조선 시대에는 똥장수가 있었어. 똥장수는 집집마다 돌아다니며 똥을 퍼서 농사를 짓는 농민들에게 거름으로 판매를 하는 사람이야. 지저분해서 돈을 못 벌 것이라고 생각했니? 그렇지 않아. 일제 강점기에 일본이 '위생회'라는 회사를 설립하여 독점 판매까지 했다고 하니까, 똥이 얼마나 가치 있었는지 알 수 있지.

● 독점 판매: 개인이나 하나의 단체가 다른 경쟁자를 제외하고 생산과 시장을 지배하여 이익을 독차지하는 상태.

 독점 판매가 뭐예요?

독점이란 말을 이해하면 쉬워. 한자로 '홀로 독(獨), 점령할 점(占)'을 쓰는 한자어야. 쉽게 말해 혼자서 모두 차지하는 것을 말한다.

그러니까 일본이 '위생회'라는 회사를 세우고, 우리나라에서 나오는 똥을 모두 가져간 뒤에, 우리나라 농민에게 다시 비싸게 판 거지.

다시 똥이야기로 돌아가 보자. 요즘은 똥이 어떻게 쓰이고 있을까? 티베트에서는 야크 똥을 땔감으로 이용하지. 티베트는 해발고도(바다면을 기준으로 측정한 높이)가 높기 때문에 나무가 잘 자라지 않아서 섬유질이 많은 야크 똥을 말려서 땔감으로 사용하는 거야.

소를 많이 키우는 아프리카의 마사이족은 소똥으로 집을 짓는다고 해. 소가 싼 똥에 재를 섞어서 나무로 만든 뼈대에 발라서 벽을 세우는 거지. 그러다가 비가 많이 와서 땔감이 부족하면 벽을 조금씩 떼어다가 땔감으로도 사용하고 말이야. 재미있지 않니?

그런데 이뿐이 아니야. 스리랑카에서는 코끼리 똥으로 종이를 만들어 수출한대. 나무로 만든 종이보다 재료도 적게 들어서 환경도 보호하고, 주민들의 일자리도 생기고, 경제에도 도움이 된다고 하니 일석삼조, 즉 '똥의 기적'이라고 해도 되겠지?

 똥으로 종이를 만들면, 종이에서 냄새나지 않아요?

호호호! 그렇게 생각할 수도 있겠구나. 하지만 전혀 나지 않는다고 하니 걱정할 필요 없어. 똥은 이렇게 우리 생활 속에서 약뿐만 아니라 돈벌이로도 사용되고 있지. 아! 고급스런 똥도 있어. '루왁'이라는 커피 이름 들어봤니? 인도네시아의 수마트라나 자바에서는 말레이 사향고양이 똥 속에서, 고양이가 삼켰지만 소화시키지 못하고 배설한 커피 열매를 가려낸단다. 이 커피 열매가 바로 루왁인데, 아주 비싸게 팔리고 있지.

이처럼 똥의 쓰임은 매우 다양하지. 너희들도 알고 있는 똥 이야기가 있니?

 똥으로 건강검진도 하잖아요.

그래 맞아. 지금도 그렇지만 조선 시대에도, 몸이 건강한지 아닌지 알아보는 데 똥이 쓰였단다. 매화틀이라고 들어봤니? 바로 임금님이 사용하던 이동식 변기인데, 임금님이 매화틀에 용변을 보면 신하가 용변의 굵기와 색깔 등으로 왕의 몸 상태를 판단했지. 어떤 때에는 똥을 살짝 찍어 먹기도 했다고 해. 오늘날에도 변은 건강을 알아보는 중요한 수단 중 하나란다.

::: 등장인물의 입장에서 생각해보자

자, 지금까지 똥의 쓰임에 대해 알아보았어. 우리의 주인공 강아지똥도 처음부터 자신이 이렇게 좋은 곳에 쓰일 수 있다는 것을 알고 있었다면 좋았 겠지. 그것도 흰둥이의 똥은 약으로도 쓰인다는 것을 알았다면 아마도 어깨 가 으쓱해졌을 거야.

하지만 여러분이 어른이 되었을 때 어떤 일을 하고 있을지 미리 알 수 없는 것처럼, 강아지똥이 처음부터 모든 것을 다 알고 있는 건 어려운 일이지. 그 래서 우리의 강아지똥은 흙덩이로부터 '똥 중에서 가장 더러운 개똥'이라는 이야기도 듣게 되지.

그래서일까 강아지똥은 '더럽고 아무짝에도 쓸모없는 개똥이지만 착하게 살고 싶다'는 소원을 갖게 되지.

하지만 강아지똥은 참새의 한 마디에 서러워서 울고, 흙덩이의 한 마디에 화를 내며 대들잖아. 그리고는 아무짝에도 쓸 수 없을 거라고 스스로를 낮춰 서 생각하게 돼. 그럼 정말 똥은 아무짝에도 쓸모없을까?

아니요. 똥으로 돈도 벌 수 있는걸요.

아우~ 깜짝이야! 앞 장에서 똥에 대해 공부해서 그런가? 아주 자신 있게 '아니요' 하고 큰 소리로 대답하네.

맞아! 우리의 강아지똥도 자신이 거름으로 쓰일 수 있다는 것을 뒤늦게 알게 되지. 아무짝에도 쓸 수 없을 것 같지만 이제라도 착하게 살고 싶다는 마음이 생겨난 강아지똥의 이야기는 어떻게 끝났지?

 강아지똥이 민들레를 도와서 꽃을 피우잖아요.

맞아! 강아지똥은 드디어 자신이 쓰일 곳을 찾았고, 민들레를 도와주는 것이 착하게 사는 길이라는 것을 알게 되지. 그리고는 자신이 사라지는 것을 고민하지 않고, 비를 맞으며 땅속으로 스며들어 가게 되지.

강아지똥을 읽다 보면 나의 쓰임을 언제 알게 되는지는 중요하지 않은 것 같아! 중요한 건 무언가를 알았을 때 실천하느냐 하지 않느냐의 차이인 것 같거든!

이 책을 읽고 있는 너는 어디에 쓰였으면 좋겠니? 당장 찾아야 하거나, 딱 하나만 답해야 하는 건 아니야. 강아지똥이 오랜 시간 답을 못 찾았던 것처럼 너희도 그럴 수 있어. 그리고 지금 찾았다 하더라도 중간에 또 바뀔 수도 있으니, 너무 급하게 생각하지 말자꾸나.

지금은 네가 할 수 있는 것부터 그리고 네가 하고 싶은 것부터 고민해 보는 거야. 그러기 위해서는 다양한 경험을 쌓아야겠지. 강아지똥은 움직일 수 없어서 그저 그 자리에서 고민만 했지만, 우린 이곳저곳을 다닐 수 있으니 여행이나 체험을 통해서 네가 쓰일 데를 찾는 것도 좋겠지!

::: 자존감을 지켜주세요

특별한 나 발견하기

강아지똥은 더러운 똥이라서, 그것도 개똥이라서 아무짝에도 쓸모없다는 이야기를 들었어. 그래서 강아지똥의 자존감은 쭉쭉 내려갔지. 이걸 어른들은 '자존감이 바닥으로 떨어졌다'고 표현하기도 해.

하지만 민들레를 만난 이후, 자신도 쓰일 곳이 있다는 것을 알게 된 강아지똥은 소원대로 착하게 살 수 있다는 희망을 느끼지. 그리고 강아지똥은 떨어졌던 자존감이 쑥쑥 올라가는 것을 경험한 거야.

너희들은 어떠니? 너는 자존감이 높은 편이니 아니면 낮은 편이니? 아니면 현재 자존감이 떨어져 있거나 반대로 올라가 있니? 혹시 친구보다 공부를 못한다는 이유로, 언니보다 얼굴이 예쁘지 않다는 이유로, 꿈이 아직 없다는 이유로 자존감이 낮다고 평가하지 않았니?

현재 우리나라에서 모델과 교수 그리고 모델학회장으로 활약 중인 김동수 씨의 이야기를 들려줄게. 그녀는 "한국에서는 평범하다거나 심지어 못생겼다는 소리를 들었지만, 미국에 가니 미인이라고 하더라."라고 말했지. 한국에

서는 못생겼다고 했는데, 미국에서는 미인이라니 정말 이상하지 않니? 아무
튼 한국에서 못생겼다는 말을 들었던 김동수 씨는 유럽의 런웨
이를 누볐지. 김동수 씨가 그럴 수 있었던 이유는, 얼굴은 개성 있
게 생겼지만, 어떤 옷도 잘 소화해 낼 수 있다는 자신감으로 마인드 컨트롤을
했기 때문이었지. 그래서 오늘날의 성과를 거둔 거야.

● 런웨이: 패션쇼 무대.

● 마인드 컨트롤: 마음 다지기.

　어때? 김동수 씨의 사례를 보니 지금 당장의 모습으로 나를 미
리 판단하는 건 섣부른 것 같지? 한국과 미국의 기준이 다른 것처럼 나에 대
한 평가도 내가 어떤 환경에 있느냐에 따라 달라질 수 있다는 것도 알겠지?
또 오늘의 모습이 미래의 모습과 다를 수 있으니 벌써부터 포기하는 건 이
른 것 같지!

　지금 오른손을 들어 보렴. 그리고 네 머리를 한 번 쓰다듬어 주면서 이렇
게 말해봐.

　"영희야, 철수야, 너는 정말 소중한 존재야. 앞으로 어떻게 될지 모르는 보
석 같은 존재야. 지금까지 수고했어. 그리고 앞으로는 더 빛나는 내가 되자."

　어때? 자존감이 좀 높아지는 것 같니? 한 번으로 안 될지도 몰라. 하지만
오늘부터 하루에 한 번씩 해 보렴. 그럼 분명 너의 자존감은 높아지고, 특별
한 아이가 되어 있을 거야.

　"너는 정말 보석같이 빛나는 특별한 아이란다."

똥의 재발견

News   신나는 미디어 신문

옛날 사람들은 똥을 자원으로 활용해 왔다.

똥을 원료로 한 비료는 농업자원으로 활용돼 많은 인구를 부양하고 생태환경을 보전하는 창의적 지혜의 결정체였지만, 평가가 제대로 이루어지지 못했다. 그 결과 농약과 화학약품이 유기비료를 대체하게 되었고, 생태계의 파괴와 생명의 위험에 직면하게 되었다.

최근 똥에 대한 새로운 연구들이 진행되고 있다.

제프리 고든 미국 워싱턴대학교 교수팀이 2006년 발표한 연구 결과에 따르면, 항생제를 먹인 쥐를 대상으로 뚱뚱한 쥐의 대변을 이식하면 뚱뚱해지고, 마른 쥐의 대변을 이식하면 날씬해짐을 확인했다.

이후 똥에 관한 다양한 관심이 쏠리기 시작했다.

2014년 서울대학교 인터넷 커뮤니티에는 '신선한 대변을 제공하면 3만 원 상품권을 준다'는 공고가 올라오기도 했다.

조건은 '6개월 이내 어떤 항생제

도 투여한 적 없는 20~40세의 건강한 성인의 대변'이었는데, 하루 만에 모집 인원 30명을 채웠다고 한다.

2017년에는 똥이 회춘의 명약이 될 수 있다는 놀라운 연구 결과가 나왔다.

독일 막스플랑크연구소가 진행해 생물학 분야 공개학술 데이터베이스에 공개한 바에 따르면 청년 물고기의 대변을 먹은 중년 물고기의 수명이 41% 늘었다는 것이다.

국내 기관에서는 '대변은행'을 만들어 까다로운 조건을 통과한 똥을 보관하기 위해 준비 중이다.

-박신나 기자

4 장애도
비장애도
존중받아야 해

동화를 통한
자존감 이야기

〈가방 들어주는 아이〉

자존감 높은
사람의 특징

장애도 비장애도 존중받아야 해

<가방 들어주는 아이>
자존감 높은 사람의 특징

::: 동화 속으로

2학년이 된 석우의 반에 목발을 짚고 다니는 영택이가 전학을 오면서 이야기가 시작돼.

석우는 영택의 집과 가까운 곳에 산다는 이유로, 등하교 때에 영택이의 가방을 들어주는 임무를 맡게 되지. 아침이면 영택이 집에 들려 가방 두 개를 메고 오고, 방과 후에는 영택이 가방을 집까지 가져다주어야 하는 임무지. 친구들과 축구도 하고 떡볶이도 함께 먹고 싶지만, 친구들은 이런 석우에게 '쫄병' 같다고 놀렸단다.

석우와 영택이의 관계는 어떻게 될까? 그리고 우리의 주인공 석우는 앞으로 어떤 일들을 겪게 될까? 〈가방 들어주는 아이〉를 펼치고 확인해봐.

선생님이 쓴 이 글을 읽으려면 원작부터 읽어야 한다는 거 잊지 않았지?

::: 작가 소개

고정욱

가방 들어주는 아이는 휠체어를 탄 작가 고정욱 씨의 대표작품이야. 고정욱 작가는 어린 시절 소아마비를 앓아서 평생 휠체어를 타야 하는 장애인이 되었지. 고정욱 작가는 장애인이 차별받지 않는 세상을 만들기 위해 앞장서고 계신 분이셔. 그러니 장애인이라고 아무것도 할 수 없는 불쌍한 사람이라고 생각하면 안 되겠지.

아무튼 고정욱 작가의 작품들을 보면 공통점이 보여. 〈아주 특별한 우리 형〉, 〈안내견 탄실이〉, 〈네 손가락의 피아니스트〉 등에서 공통점을 발견했니?

 찾았어요. 장애가 있는 친구들이 등장해요.

맞았어. 〈가방 들어주는 아이〉의 영택이처럼 장애가 있는 친구들이 등장하지. 그런데 영택이가 바로 고정욱 작가님의 모습이라는 거 알고 있니? 영택이에 관한 자세한 이야기는 뒤에서 다시 하자꾸나.

표지에 뭐가 보이니?

 두 명의 남자아이요.

맞아. 한 명은 이만큼 앞서서 걷고, 다른 친구는 저만치 뒤에서 목발을 짚으며 걸어오는 그림이구나. 두 친구는 나란히 걷고 있지 않지. 그리고 가방을 든 채 앞서서 걷는 친구가 가방을 두 개 가지고 있는 것으로 보아서 우리의 주인공이라는 걸 알 수 있지.

그런데 주인공 석우의 표정이 좋아 보이지 않아. 그리고 뒤를 돌아보는 눈빛도 편하게 보이지 않고 말이지. 왜 그런 걸까?

맞아. 석우는 지금 같은 반이 된 영택이의 가방을 들어주고 있기 때문이야. 내 가방 하나도 무거운데 두 개를 들어야 하고, 영택이는 너무나 느리게 걸어오기 때문이지.

장애를 가진 친구가 책 속에 등장하면, 대부분 장애인 친구가 주인공 역할을 맡지. 하지만 가방 들어주는 아이는 몸이 불편하지 않은 석우가 주인공이야. 여기서 알 수 있는 것이 있어. 이 책은 장애를 가진 친구의 어려움을 보여주려는 것이 아니라, 그 주변의 친구들이 겪을 수 있는 고통에 대해서 이야기한다는 것이지. 어때? 너희도 그렇게 생각했지?

장애에 대한 생각

고정욱 작가님과 영택이의 공통점은 장애가 있다는 거였어.

그럼 장애란 무엇일까?

 몸에 이상이 있는 거요.

맞아. 몸에 이상이 있어서 불편을 겪는 것을 우리는 장애라고 해. 장애는 몸이 불편한 신체장애가 있고, 두뇌가 불편한 정신장애가 있어. 이러한 불편은 태어났을 때부터 가지는 선천적 장애가 있고, 사고나 병 등으로 나중에 불편을 겪게 되는 후천적 장애로 나눌 수도 있지. 이런 불편함 때문에 생활을 하는데 어려움을 겪는 사람들을 우리는 장애인이라고 불러. 우리나라는 장애인들이 사회에서 불편을 겪지 않고 살아가도록 장애인복지법을 만들었단다.

 아! 장애는 몸이나 머리가 우리보다 조금 더 불편한 거구나!

맞아. 장애와 비장애를 구별하는 것은 불편함의 정도가 많은지 적은지를 기준으로 하고 있어. 그래서 장애인들도 비장애인처럼 불편함 없이 살 수 있도록 사회가 노력하고 있지.

하지만 아직까지도 장애인이 생활하는 데 많은 불편함이 있어. 그러니 생각해봐. 시대가 좋아졌다고 말하는 지금도 불편함이 있는데, 고정욱 작가님이 학생이었던 50년 전에는 어땠을까?

 당연히 더 많이 불편했을 것 같아요.

맞아! 그때는 지금처럼 장애인을 위한 시설이 많지 않았기에 더 불편했을 거야! 지금은 지하철에도 엘리베이터 시설을 갖춘 곳이 많아져서 이동하는 데 어려움이 많이 줄어들었지. 그러나 그 옛날에는 장애인이 지하철을 타려면 불편함이 아주 많았어. 작동이 번거롭거나 실제 작동되지 않는 리프트를 타야 해서 누군가의 도움을 받아야만 이동했고, 어디를 가더라도 많은 사람의 도움을 필요로 해서 이동이 쉽지 않았지. 그래서 전철 타는 것을 포기하고, 집 밖으로 나오지 않으려는 장애인들도 많아졌어. 그래서 자신이 불만스럽고 점점 부끄럽게 느껴지기도 한다고 해.

우리 사회는 장애인이 불편을 겪지 않도록 노력하고 있다고 말하지만 장애가 없는 우리의 눈에는 잘 보이지 않고 알 수 없는 많은 곳에 불편한 것들이 남아있지!

장애인 친구들이 밖으로 쉽게 나오지 못한 다른 이유가 또 있어. 바로 사람들의 불편한 눈빛이야. 불쌍하다는 듯 쳐다보는 눈과 너무나 과하게 베푸는 친절도 불편을 주는 거라고 해. 너희들도 한 번 생각해 봐. 혼자서도 할 수 있는데 낯선 사람이 불쌍한 눈으로 쳐다본다면 기분이 어떨까?

그런데 책에서 할머니들이 영택이를 보며 "아깝네."라고 하시잖아요. 혀도 끌끌 차시면서요. 그러면서 "없는 편이 낫지."라고도 하시고요. 아니, 자기 이야기가 아니라고 마구 함부로 말씀하시는 것 같아요. 그래서 저도 석우처럼 화가 치밀었어요. 영택이가 장애를 갖게 된 것은 영택이 잘못이 아닌 데 말이에요.

맞아! 장애를 가진 영택이를 불쌍한 눈으로 보는 할머니들이 등장했지. 너희들이 영택이였다면 어땠을까?

이런 가정 한 번 해 볼까? 만약 처음 보는 사람이 도와주겠다고 다가와서 내 몸을 함부로 만지며 부축해 주거나, 가방을 들어주겠다며 석우의 가방 하나를 휙 가져간다면 기분이 어떨까?

아마도 장애인들이 밖으로 나오는 걸 포기하게 되는 이유가 이런 시선과 배려한다며 무심코 하는 행동들 때문일 거야. 장애가 있는 친구들의 마음이 이해가 되었니?

::: 등장인물의 입장에서 생각해보자

앞에서 우리는 장애가 무엇인지 알아봤어. 자, 그러면 책 속의 친구들을 만나볼까?

선생님이 처음 동화를 읽었을 때는 잘 몰랐는데, 알고 보니 장애가 있는 영택이가 고정욱 작가였어. 이 책 속에 등장하는 영택이와 석우는 초등학교

2학년이지만, 고정욱 작가가 이 일을 겪은 것은 고등학생 때였다고 해. 그럼 고정욱 작가의 가방을 들게 된 석우의 마음을 살펴보자.

"제일교회 근처에 사는 사람 손들어보자."
석우는 선생님의 한 마디에 1년 동안 영택이의 가방을 들어주어야 하는 임무를 받았어. 영택이네 집과 가깝다는 이유였지. 대신 그 대가로 주변 활동이나 학급 청소에서 제외되는 혜택 아닌 혜택을 받았지만, 석우의 기분은 좋지 않았어. 왜 기분이 좋지 않았던 걸까?

 석우가 원하는 일이 아니라, 선생님께서 강제로 시켰기 때문에 그럴 거예요!

선생님도 그렇게 생각해! 만약 여러분에게 누군가가 석우처럼 친구의 가방을 1년 동안 들어주라고 한다면 기분이 어떨까?
석우처럼 무조건 "예." 했을까? 아니면 "왜 저만 해요?" 하고 여쭤보았을까?

 선생님, 석우가 가방을 들어주는 것도 그렇지만 주변 친구들 때문에 화날 때도 많았어요. 왜 가방이 두 개냐? 공부 못하는가 보다! 하며 놀리니까 말이에요.

그래 보이지? 이 장면에서 했던 석우의 대사만 봐도 가방을 두 개나 들게 되어서 얼마나 화가 나 있는지 알 수 있어. 가방을 두 개나 메고 있어서 친구

들의 놀림을 받고, 거기다 영택이 가방 때문에 친구들과 방과 후에 축구도
할 수 없게 되었잖아.

그러나 참 이상한 일이 벌어지지. 영택이의 가방을 들어준 건 선생님께서
시켰기 때문이었어. 그런데 어른들이 착하다고 칭찬도 하시고, 사탕도 주시
는 거야. 그리고 석우는 전교생 앞에서 교장 선생님께 모범상을 받게 되지.
자기 스스로 한 일이 아닌데 석우는 생각하지도 못한 칭찬을 듣고 상도 받
은 거야.

::: 자존감을 지켜주세요

장애인의 자존감도 생각해 주세요

우리는 지금까지 영택이와 석우에 대한 이야기를 나누었어. 영택이와 석우
가운데 누구의 자존감이 더 낮을까? 신체적 불편함이 있는 사람들은 그렇
지 않은 사람들보다 자존감을 잃을 가능성이 더 크다고 해. 너희도 영택이처
럼 '찔뚝이'라는 별명이 붙는다면 기분이 어떻겠니?

 저도 친구들이 이름 때문에 놀릴 때는 화가 나요. 그런데 영택이는 자신이 잘
못한 것도 아닌 데 그런 걸로 놀림을 받으니까 더 화가 날 것 같아요.

맞아. 그래서 장애가 있는 친구들은 '왜 나만 이렇게 태어났을까'하는 생

각을 하기도 한다고 해. 어깨를 축 늘어뜨리고 말이지. 이런 친구들의 자존감을 되찾기 위해서는 주변 사람들의 관심이 필요하다고 해. 잘 먹고 잘 놀면서 생각도 몸도 쑥쑥 커야 하는 때에 장애가 찾아오면 더 힘들다고 해. 왜냐하면 치료를 받는 시간이 길어지고, 그 시기에 심한 스트레스를 받게 되기 때문이지. 이런 스트레스는 사회에 적응하는 데 어려움을 겪게 만들지. 자신의 장애로 고통을 받고, 주변의 배려 없음으로 인해 정신적인 상처를 다시 입게 되는 거야.

이럴 때에는 나와 다르다고 손가락질하거나 무턱대고 나쁘다고 말하지 말고, '저렇게 하는 이유가 있겠구나!' 하고 생각해 주면 어떨까? 겉으로 보기에는 멀쩡해 보여도 우리가 잘 모르는 속사정이 있을 테니, 내 마음대로 '이럴 것이다'라고 생각하지 말고 말이야.

그리고 또 무조건 돕겠다고 나서는 것도 생각해 봐야 해. 앞에서 이야기했었지만 장애인은 아무것도 못 할 것이라는 선입관도 문제가 되거든. 그러니까 그가 혼자 할 수 있는 일에도 나서서 '뭘 도와줄까?', '넌 가만히 있어. 내가 대신해 줄게'와 같은 선급한 마음도 장애인의 자존감을 떨어뜨리는 말과 행동이니 조심해야 해.

주변의 차갑지 않고 따스한 시선이 장애를 가진 친구들의 자존감을 높이는 데 매우 필요해.

누구나
장애인이 될 수 있어요

News   신나는 미디어 신문

15년간 구급대원으로 일했던 소방관 최 씨는 2011년 교통사고로 척수장애인이 되었다.

재활 후 사무직으로 복귀하고 싶었으나 근무하던 소방서는 소방관 직을 파하였다. 최 소방관은 시를 상대로 3년간 행정소송을 벌인 끝에 복직할 수 있었다.

최 소방관의 경우 성공적으로 직장에 복귀한 사례로 꼽힌다. 하지만 수년간 소송을 했다는 점에서 장애인의 한계를 엿볼 수 있다.

대부분의 경우 장애를 갖게 되면 자신이 몸담았던 직장으로 돌아가기 힘들어진다. 바로 '장애인은 일하기 어려울 것'이라는 편견 때문이다.

1990년대 베이징 아시안게임에서 역도 국가대표로 금메달을 목에 건 김 씨는 1996년 교통사고로 장애 판정을 받았다. 그는 갑작스런 장애 이후 20년 가까이 경제활동을 하지 못한 채 생활고를 겪었다.

체계적인 지원이 이루어진다면 사고 등으로 장애를 입은 사람들이, 재능을 살려 사고 전 일상으로

MEDIA

돌아가고 경제적 자립도 가능했을 테지만 그렇지 못한 것이 현실이다.

그리고 최 소방관의 경우 소방서에서 경사로와 전용 주차장 등을 만들어주었기에 이전 생활로 돌아가는 데 어려움이 적었지만, 대부분의 민간 기업에서는 쉽지 않은 일이다.

장애인 직업 재활은 자존감을 높이는 길이다. 그러므로 장애인의 욕구와 장애 유형에 따른 맞춤형 직업 재활 서비스가 필요하다고 본다.

-박신나 기자

책으로 찾은
자존감

동화를 통한
자존감 이야기

〈도서관〉

책으로 찾은
자존감

책으로 찾은
자존감

〈도서관〉
책으로 찾은 자존감

::: 동화 속으로

 마르고 눈 나쁘고 수줍음 많은 여자아이가 태어났어. 책 읽기만 좋아해서 잠들 때까지 책을 읽고 또 읽는 아이가 바로 엘리자베스야. 수업시간에도 머릿속이 책 이야기로 가득 차 있지. 커서는 친구들이 데이트하고, 춤추는 것을 즐길 때에도 엘리자베스는 밤새도록 책을 읽어.

 엘리자베스는 청소하면서 책을 읽다가 부딪치기도 하고, 운동하면서도 책을 읽어.

 엘리자베스의 집은 더 이상 쌓아놓을 자리가 없을 정도로 책이 가득 찼어. 엘리자베스는 그 다음에 어떻게 했을까?

엘리자베스는 그 책과 자신의 재산을 마을에 모두 기부한단다. 그래서 엘리자베스 브라운 도서관이 세워지지. 많은 사람들은 엘리자베스 덕분에 책을 자유롭게 마음껏 볼 수 있게 되었어. 책을 좋아하는 친구와 같이 살게 된 엘리자베스는 자신이 세운 도서관을 매일매일 찾으며 여전히 책을 읽고 또 읽으며 지냈다는구나.

::: 작가 소개, 그린이 소개

사라 스튜어트 글, 데이비드 스몰 그림
이 책의 작가 사라 스튜어트와 그림을 그린 데이비드 스몰은 부부란다.

 부부가 같이 동화를 쓰고 그림을 그린다니 이야기도 잘 통하고, 더 좋은 작품이 많을 것 같아요.

글을 쓴 사라 스튜어트는 텍사스에서 태어나 라틴어와 철학을 전공했어. 교사이기도 하고 신문에 어린이 책에 대한 글을 쓰고 있단다. 남편인 데이비드 스몰과 같이 만든 책이 사람들 사이에 인기가 많아. 그중에서 〈리디아의 정원〉은 이 책과 그림의 느낌이 정말 비슷하고, 아름다운 식물 그림도 눈을 사로잡을 거야. 한번 읽어보렴. 남편 데이비드 스몰은 어려서부터 그림을 그리는 것을 좋아했어. 대학에서 미술 공부를 계속하여 대학에서 학생들을 가르쳤대. 어린이 책만 아니라 어른들을 대상으로 하는 그림도 많이 그렸다고 해. 이 책의 그림처럼 따뜻한 느낌의 그림이라 어린이와 어른 구분 없이 좋아하나 봐.

::: 표지 읽기

붉은 머리를 휘날리며, 책을 펼쳐 들고 걷고 있는 여성은 얼굴도 보이지 않는구나. 수레바퀴를 한 손으로 끌고, 다른 한 손엔 책을 펼쳐 들고, 중얼중얼 책 읽는 소리라도 낼 것 같은 모습으로 걷는 모습을 보며 어떤 생각이 드니?

 책이 저렇게 재미있을까?

그런 의문이 든다고?
책을 쫙 펼쳐서 앞표지와 뒤표지를 연결시켜 그림을 보렴.

 길가에 책들이 마구 떨어져 있어요.

책을 읽으면서 가느라, 수레에 쌓아 올린 책이 떨어지는 줄도 모르는구나.

길에 떨어진 책 한 권은 고양이가 다가와 보고 있네. 아마 고양이는 '이거 먹는 건가?' 하고 다가왔다가 '먹지도 못하는 이런 건 길가에 왜 흘리고 다녀?' 하고 불만스러워할지 몰라.

주인공 엘리자베스처럼 한 가지에 몰입하고 집중할 수 있다면 그 일을 좋아하고, 잘하고, 즐거울 것 같지?

::: 동화로 읽는 사회 이야기

모두 리더가 되어야 하나요?

예전에 미국의 한 여성 변호사 수잔 케인의 강연을 들었단다. 변호사로 전문 직업인이니 나름 성공한 여성인데 그 여성은 강연에서 "사람은 다 똑같지 않아요. 우리는 다 다르지요. 누구는 운동을 좋아하고, 누구는 책을 좋아하고, 누구는 캠핑하는 것을 좋아하고, 누구는 방에 혼자 콕 박혀서 생각하는 것을 좋아할 수도 있어요. 그런데 왜 어른들은 아이들에게 '캠프를 가라, 남들과 어울려라, 리더가 되어라'라고 시키나요?"라고 말하더구나.

 와! 정말 공감해요. 왜 우리 엄마는 엄마 친구 아들이 공부를 잘한다고 저보고도 공부 좀 하라고 스트레스를 주는 걸까요? 사람은 다 다른데 말이죠.

 이그, 그건 지금 선생님이 말씀하시는 것과 경우가 다르잖아.

선생님의 이야기를 조금 더 들어보렴.

그 여성은 어려서 부모님이 억지로 캠프를 보내고, 친구와 어울려 노는 것보다 책을 읽으며 혼자 있는 것을 좋아하는 자신을 걱정하셨다고 하는구나. 부모님은 항상 리더가 되기를 바라셨지만, 그 여성은 자신은 혼자 있는 시간이 소중하고 행복했다고 했지. 그렇게 혼자 있는 시간 동안 내가 무엇을 좋아하고, 하고 싶은지, 어떤 삶을 살아갈지 생각했단다.

 보통은 공부보다 캠프 가서 노는 것을 더 좋아할 텐데, 정말 특이한 사람이네요.

선생님은 그 여성의 말을 들으며 공감했단다.

우리는 혼자서 살 수 없지. 어울려 살고, 사회 속에서 살고 있어. 그래서 그 사회가 원하거나, 많은 사람들이 좋아하는 삶의 모습이 옳다고 생각하여 '너도 그렇게 살아라!'라고 강요하기도 해. 하지만 꼭 그것만이 옳은 것은 아니란다. 모두가 리더가 될 필요도 없고, 모두가 활동적일 수도 없단다.

이 책의 엘리자베스처럼 인형 놀이도 스케이트 타기도 관심 없고 싫어할 수도 있지. 성인이 되어서도 데이트하고 춤추는 것에 관심 없이 책 읽기만 좋아할 수도 있지. 누구나 좋아할 수 있는 것이 다르니까.

엘리자베스가 남들처럼 사랑하고, 결혼하고, 아이도 낳고 살지 않았지만 자신이 좋아하는 책을 읽으며 평생을 살다가 그 책을 다른 사람도 읽을 수 있도록 기부도 하는 것을 보며 고맙기도 하지. 그 많은 책을 같이 읽을 수 있게 되었으니.

그럼 저도 제가 평생 좋아하는 게임을 하면서 살면 안 될까요?

만약 게임이 너희들을 더욱 성숙하게 하고 행복하게 하는 거라면 어른들이 말리지 않을 거야. 그런데 아무리 좋아한다고 해도 중독이 되어 점점 나쁜 상황이 되어가는 것을 두고 볼 수는 없잖니?

사회에 이로움을 주면서 자신에게도 긍정적인 일에 몰두하여 열심히 살아가는 사람을 보면 대단한 영웅이 아니라도 박수를 치며 응원해주고 싶은 마음이 들지 않니?

::: 등장인물의 입장에서 생각해보자

 어떻게 친구들과 어울려 노는 것보다 책 읽는 게 더 좋을 수가 있을까요? 저는 정말 이해가 안 돼요.

엘리자베스 입장에서 하는 이야기를 한번 들어보렴.

"나는 책을 읽는 것이 정말 좋아. 책을 읽는 동안은 책 속에 빠져들어서 배도 고프지 않고, 놀고 싶은 마음도 안 생겨. 하지만 부모님은 조금 걱정하시는 것 같아. 다른 친구들처럼 인형 가지고 놀 나이에는 인형가지고 놀고, 스케이트 타고 활동적일 때는 활동을 하고, 공부를 할 때는 집중해서 공부하기를 바라시지. 그것이 일반인의 삶이고, 그렇게 일반적인 삶을 사는 것이 더 행복하다고 생각하실 수도 있어. 하지만 나는 생각이 달라. 나는 책을 읽지 않는 동안에도 머릿속에서 읽은 책을 떠올리며 주인공과 이야기를 나누기도 하고, 책을 쓴 작가에게 질문할 것이 떠오르기도 해. 남들이 보면 친구도 없이 책만 보고 있는 것이 왕따를 당하고 있는 것 아니냐고 할지도 모르지. 다른 사람과 어울리는 것을 싫어한다고 생각할 수도 있어. 하지만 나는 말야. 사람들이 싫은 게 아니고, 책 읽는 것을 더 좋아할 뿐이야. 어울려 살아야 한다고 해서 꼭 같이 시간을 보내고, 같은 취미생활을 하는 건 아니라고 생각해. 남들이 나를 색안경 끼고 "쟤는 좀 이상해. 항상 혼자 있어. 외로워서 책을 보는 거 아니야?"라고 오해를 할 수도 있어. 하지만 나는 그런 것이 아무렇지 않아. 남이 나를 이상하게 생각하든, 뒤에서 수군거리든 그것 때문에 슬퍼하거나 신경 쓰지 않아. 나는 책을 좋아하고, 책 속에 내가 좋아하는 많은 것들이 무궁무진하게 많기 때문에 나는 사람들의 말이나 수군거림을 신경 쓸 시간이 없어. 나는 다른 사람들이 나를 평가하는 것보다, 책을 읽으면서 내가 알아가는 것이 즐겁고 행복해. 그런 내 자신이 정말 소중하고 좋아. 그러니 너희들도 내가 책만 읽는 이상한 사람이라는 생각으로 "왜 그렇게 사느냐?"라는 질문은 하지 말아줘. 그런 질문에 일일이 대답하려면 책 읽는 시간을 줄여야 하잖니. 그냥 "책만 좋아하는 엘리자베스 같은 사람도 있구나."라고 인정해주길 바라. 너희들도 정말 좋아하는 일, 즐거운 일을 찾았으면 좋겠다. 그럼 다음에 또 이야기 나누자~"

-책에 빠져 사는 엘리자베스 씀

나의 자존감을 높이는 것은 무엇인가?

얘들아, 항상 즐겁고 행복한 사람이 있을까?

 그건 절대 불가능할 것 같아요.

맞아! 돈을 많이 가진 부자도, 성공한 유명한 사람도, 권력을 가진 왕도 즐겁고 행복한 일만 있지는 않단다. 우리는 이 세상을 살아가다 보면 즐거움도 있고, 슬픔도, 화도 있단다.

너희는 가장 기뻤던 일이 뭘까?

 저는 학교에서 상을 받아 부모님이 기뻐하시고, 친구들이 부러워하니까 정말 기뻤어요.

 저는 생일 선물로 아빠가 핸드폰을 사주셨을 때가 제일 기뻤어요.

정말 좋았겠구나.

하지만 어떤 날은 기분이 나쁘고 화가 나기도 하잖니.

 친구와 싸우고 나면 정말 기분이 나빠요.

저는 게임하지도 않았는데 엄마가 게임했다고 오해하고 야단치시면 정말 억울하고 화나요.

이렇게 우리의 기분이나 감정은 매일, 매 순간이 다르단다. 그건 누구나 그래. 부모님도 그렇단다. 즐겁고 행복한 순간들이 계속되면 좋겠지만, 그건 불가능해. 혹시 가능하더라도 계속되는 즐거움과 행복은 행복이라 느끼지 못하고 지겨울지도 모르지.

엄마의 칭찬이 기분 좋고, 친구의 선물이 기쁘고, 선생님의 꾸중이 서럽고, 동생이 덤비는 게 화나는 때를 떠올려보렴.

남에게 인정받으면 자존감이 쑤욱 올라갔다가도 나를 탓하거나 원망하는 사람이 있으면 움츠러들어 자존감이 내려가기도 하지. 자존감은 주변 사람들로 인해서 높아지기도 하고, 낮아지기도 해. 하지만 나의 자존감을 높이기 위해서 주변 사람들을 내 마음대로 바꿀 수는 없단다.

주변 사람을 바꾸기 전에 나 자신을 먼저 바꿔보면 어떨까?

엘리자베스가 자존감을 지키며 평생 원하는 삶을 살 수 있었던 것은 무엇 때문일까?

 주변 사람 이상으로 엘리자베스에게 큰 영향을 미친 것이 바로 책인 것 같아요. 책에 푹 빠져서 다른 사람들의 시선은 중요하지 않았어요.

 그런데 선생님, 엘리자베스는 그렇게 많은 책을 읽었는데 왜 유명한 사람이 되거나 모두가 인정하는 학자가 되지 못했나요?

그렇게 말하는 이유는 너희는 유명해지거나 학자가 되기 위하여 책을 읽는다는 것으로 들리는구나.

엘리자베스는 돈을 벌고, 성공하려고 책을 읽은 것이 아니란다. 작가가 되려고 책을 좋아한 것도 아니고. 책 읽는 것 자체를 즐거워하는 거지.

〈행복한 청소부〉의 청소부 아저씨가 강연하는 것이 즐거운 것이지 교수가 되려고 하지 않은 것처럼. 엘리자베스는 책 읽기가 즐거웠고, 아는 것이 많아지는 즐거움도 충분히 느꼈을 거야. 그리고 그 책들을 다른 사람들도 같이 읽을 수 있도록 도서관을 만든 것 자체로 엘리자베스가 원하는 모든 것을 이룬 것이지.

우리가 생각하는 '성공하여 행복하기'를 엘리자베스에게 강요하지 않도록 하자. 우리는 각자가 생각하고 원하는 것이 다르니까.

즐거운 책 읽기 하고 싶니?

News   신나는 미디어 신문

1616년 4월 23일은 로미오와 줄리엣, 햄릿 등 수많은 명작을 남긴 영국의 '윌리엄 셰익스피어'와 돈키호테의 작가인 스페인의 '미겔 데 세르반테스'가 같은 날에 돌아가셨다.

유네스코는 이 날을 기려 1995년부터 4월 23일을 세계 책의 날로 정했다. 2001년부터는 세계 책의 수도를 지정하는 행사를 열기 시작했는데 2015 세계 책의 수도는 우리나라의 '인천'이었다. 그런데 우리나라 사람들의 책 읽는 양은 정말 심각하다. 어른들 10명 중 4명은 1년에 단 한 권의 책도 읽지 않는다고 한다. (2016년 3월 연합뉴스 자료)

왜 그렇게 책을 읽지 않을까?

책을 읽는 것이 유익하고 도움이 되는 일이라고 모두 인정하면서도 실제로는 책을 읽지 않으니 참 안타깝다. 어른들에게 책을 읽지 않는 이유를 물어보니 "학교 다닐 때, 학교에서 억지로 책을 읽게 한 것이 너무 싫어서 책을 멀리하게 됐다.", "매일 일하느라 너무 바빠서 책을 읽을 여유가 없다.", "스마트폰, 영화 보기 등 책 읽는 것보다 즐거운 여가를 보낼 수 있는 것이 많다." 등 이유가 다양했다.

결국에는 어른들이 책 읽는 것을 즐거워하지 않는다는 말이다.

어떻게 하면 책 읽기가 즐거워질까? 일단은 내 수준에 맞는 책을 읽어야 재미있다. 너무 어려워서 아무리 읽어도 무슨 말인지 모르는 책이라면 재미를 느끼기 힘들다. 그러니 수준에 맞는 책부터 꾸준하게 읽어서 읽기 수준을 조금씩 높이는 것도 좋을 것이다.

그리고 내가 좋아하는 관심 분야를 읽으며 책에 재미를 붙여보는 것도 좋다. 재미있는 옛이야기를 좋아한다면 전래동화나 고전 소설을 읽고, 역사 이야기를 좋아한다면 역사책을 보는 등 자신의 취미와 관심 분야의 책은 즐거운 책 읽기에서 가장 중요하다.

영화보기, 스마트폰으로 게임하기 등등 다양한 즐길 거리가 많겠지만 책 읽기는 인류의 가장 오래된 유용한 여가 생활이다. 무엇보다 책은 읽는 중간 중간 멈추어 생각할 수 있고, 수천 년 전의 사람의 이야기도 전해 들을 수 있는 우리의 소중한 재산이다. 이 재산을 잘 활용하면 더욱 발전하고 성장할 수 있다.

어린이들은 주로 만화책을 좋아하는데, 만화책을 보는 것도 좋지만 '만화책만' 보는 것은 도움이 안 될 수 있다. 만화책은 줄글로 쓴 책들보다 문장이 짧고, 그림으로 내용을 전달하기 때문에 나중에 글이 많은 책들을 읽을 때 거부감이 들 수도 있다. 그러니 만화로 된 책도 적당히 보는 것이 좋다.

역사나 환경, 과학 등 어렵거나 지루한 내용이라면 만화책으로 읽어 재미를 붙이는 것도 좋고, 어느 정도 재미가 붙었다면 그 다음에는 줄글로 된 책으로 보도록 권한다.

어린이들이 어른이 되었을 때는 우리나라 어른들의 독서량이 조금 늘어나 있기를 기대한다.

-박신나 기자

News

6 자존감 높은 청소부 아저씨

동화를 통한
자존감 이야기

〈행복한 청소부〉

자존감 높은
사람의 특징

자존감 높은
청소부 아저씨

〈행복한 청소부〉
자존감 높은 사람의 특징

::: 동화 속으로

독일의 거리 표지판을 닦는 청소부 아저씨가 있었어. 어느 날 한 아이가 엄마에게 표지판에 적혀 있는 사람들에 대해 묻는 것을 보고 아저씨도 궁금해졌단다. 그래서 표지판의 작곡가와 작가에 대하여 알아보기 시작한 거야. 신문도 보고 음악회와 오페라 공연도 보며 유명한 작곡가의 음악을 들었지. 유명한 작가를 알기 위하여 도서관에서 책을 빌려서 읽기도 했어. 어떤 책은 어려워서 여러 번 반복하여 읽으며 이해하려고 애썼지. 그리고 알게 되었단다. '말은 글로 쓰인 음악이구나. 음악은 말로 표현되지 않은 소리의 울림이구나'라는 것을.

시와 음악을 사랑하게 된 청소부 아저씨는 음악과 문학에 대해 표지판을 닦으면서 강연을 했어. 그 강연을 듣기 위해 사람들이 모여들고, 텔레비전 방송의 기자까지 찾아와 유명해졌지. 사인을 받으러 온 사람들과 편지, 꽃다발을 건네주는 사람도 많아졌어. 그리고 대학에서 강연을 해달라고 했지.

아저씨의 대답을 알고 있니?

"나는 하루 종일 표지판을 닦는 청소부입니다. 강연을 하는 건 오로지 내 자신의 즐거움을 위해서랍니다. 나는 교수가 되고 싶지 않습니다. 지금 내가 하는 일을 계속하고 싶습니다."

아저씨의 결정에 대해 너희들은 어떻게 생각하니?

::: 작가 소개, 그린이 소개

모니카 페트 글, 안토니 보라틴스키 그림

작가 모니카 페트는 독일 하겐 시에서 태어나 문학을 공부한 작가는 현재 시골 마을에 살고 있단다. 어린이와 청소년들이 읽는 책을 꾸준하게 쓰고 있어. 〈행복한 청소부〉 외에도 〈생각을 모으는 사람〉, 〈바다로 간 화가〉 등의 작품이 있으며 독일의 하멜른 시의 아동문학상과 오일렌슈피겔 아동문학상을 받았단다.

그린이 안토니 보라틴스키는 내용을 그림으로 표현하는 능력이 뛰어나단다. 강렬한 인상을 주는 안토니 보라틴스키의 그림은 주로 모니카 페트의 작품들이 많단다.

::: 표지 읽기

〈행복한 청소부〉의 표지 그림을 보았니?

그림이 있는 책은 그림을 자세하게 살펴보면 책을 더 재미있게 읽을 수 있단다.

일단 청소부 아저씨가 보이지?

아저씨의 첫인상은 어떠니?

 눈이 또랑또랑 호기심 많은 개구쟁이 같아요.

아저씨의 청소부 옷은 무슨 색깔이니?

 푸른 색이요. 초록색 같기도 하고.

청소부 아저씨의 옷 색깔은 깊은 바다색 같지 않니? 침착하고 진리와 총명함을 상징하기도 한단다. 새로운 도전과 자유를 의미하는 색이기도 하니 행복한 청소부 아저씨에게 꼭 맞는 색깔이지.

우리나라 청소부의 옷 색깔은 무엇인지 아니?

 주황이나 연두색의 조끼를 입고 있는 걸 봤어요.

맞아, 공공장소를 청소하는 분들은 야간에 위험할 수 있어서 형광색의 주황이나 연두색의 조끼를 입고 있단다. 눈에 뜨여서 교통사고를 줄이기 위한 것이란다.

아저씨 옆의 붉은 말이 보이니?

 네, 그런데 말이 이상해요. 날개가 달려 있어요.

그리스 신화에 등장하는 페가수스라는 말이야. 등에 날개가 돋아 있어 자유롭게 날 수가 있지. 아저씨가 음악을 듣고, 작가의 책을 읽으며 마음껏 상상의 나래를 펼치고 있는 것을 상징한다고 볼 수 있지.

 말의 색깔이 아저씨의 옷 색깔과 비교하여 더 붉게 보여요.

그렇구나. 붉은색은 사람들의 열정을 자극하며 자신감을 보다 강하게 전달하는 느낌의 색이라 그런지 아저씨가 더 자신감 넘쳐 보이네.

고정 관념

애들아, 고정관념이라는 말을 알고 있니?

 그거 많이 들어본 말인데. 정확하게 무슨 뜻인지는 모르겠어요.

고정관념이란 사람들의 행동을 결정하는 잘 변하지 않는 생각이란다. 우리가 일상적으로 생각하는 당연한 것으로 여기는 것도 고정관념이야. 너희는 어떤 고정관념을 가지고 있니?

 키가 크면 무조건 운동도 잘하고 달리기도 빠를 것 같다는 생각이 들어요.

아, 그렇게 생각할 수도 있겠구나.

 그런데 키 커도 운동 못하는 친구들 많이 봤어요.

이 책에 등장하는 사람들도 처음에는 고정관념을 가지고 있었단다. 시와 음악 하는 사람이 따로 있고, 청소하는 사람이 따로 있다고 생각했지.

고정관념이 강한 사람들은 자신이 믿고 있는 것 외에는 새로운 도전을 하지 않고, 알고 있는 것 외에는 다른 것을 생각하지 못하는 경우가 있어. 만약 청소부 아저씨가 고정관념이 강한 분이었다면 어땠을까?

 나는 청소부니까 청소만 열심히 하면 된다고 생각했을 것 같아요. 그래서 음악이나 시를 알려고도 하지 않았을 거예요.

맞아. 그러나 아저씨는 그런 고정관념을 가진 분이 아니었어. 음악과 시에 대해 아는 것을 강연을 하지. 간판을 닦으면서 말이야. 강연은 강의장에서 하는 것이라고 생각한 사람들의 고정관념을 멋지게 깨버리는 일이기도 했지.

고정관념은 우리가 당연하게 여기는 생각과는 다르단다.

 어떻게 달라요??

우리가 당연하다고 여기는 것들은 어울려 살아가는 데 도움이 되는 것이 많단다. 사람들과 관계 속에서 지켜야 할 예절이라든가 다른 사람에게 피해를 끼치지 않아야 한다는 것은 당연한 일이라서 아이들에게 가르치기도 하지.

 맞아요. 우리 엄마도 이웃 어른들에게 꼭 인사해야 한다고 귀에 못이 박히도록 말씀하셨어요.

하지만 당연하다고 생각하는 것이 누군가에게 피해를 끼치거나 차별을 하는 것이라면 우리는 생각을 뒤집어 할 수 있어야겠지.

저는 백설공주, 잠자는 공주 같은 공주 시리즈가 너무 싫어요. 매일 왕자님이 와서 구해주어야 하고. 여자는 공주님 같이 예뻐야 하고, 남자는 왕자님 같이 용맹스러워야 한다는 생각을 저절로 하게 돼요.

책을 보며 그런 생각도 해 봤다니 대단하구나.

한쪽의 입장에서만 이로운 생각들, 누군가 불이익을 받거나 기분 나쁜 상황이라면 고정관념 아닌지 돌아보고 생각을 바꾸는 노력이 필요하단다.

힘이 세고 목소리 큰 여자, 작고 힘도 약하고 울기도 잘 하는 남자도 있다는 것을 인정해야겠지.

 힘센 여자나 울보 남자들은 다른 사람들이 그 사실을 알 까봐 두려워하기도 해요.

맞아! 또한 이런 고정관념을 가지고 있으면 여자는 여성스러운 직업을 선택하고, 남자는 남성스러운 직업을 선택해야 한다는 고정관념을 만들어 내지.

 그래서 비행기 조종사, 트럭운전수는 남자의 일이고, 바느질하고 아이 돌보는 일은 여자의 일이라고 생각하게 돼요!

하지만 남자와 여자라는 성별로 할 수 있는 일이 정해지는 것은 바람직하지 않아. 여자라도 포클레인 운전하는 일을 할 수 있고, 건설공사 현장을 지

휘하는 현장 소장님도 할 수 있지. 남자도 유치원에서 아이를 돌
볼 수 있고, 전업주부를 할 수도 있어.

● **전업주부**: 다른 직업을 갖지
않고 집안일만 전문으로 하는
사람.

 그럼 자신이 하고 싶은 일을 맘껏 선택해서 할 수 있겠네요.

그렇지! 고정관념을 버리면 직업의 선택
도 좀 더 자유롭게 할 수 있지.

너희들은 혹시 바비 인형을 알고 있니?

 네, 바비인형은 정말 날씬하고 예뻐요.
다리도 길고, 얼굴은 작고, 눈은 얼마나 큰지 몰라요. 그래서 바비인형을 보면
제가 더 못생긴 것 같다는 생각을 해요.

선생님도 바비 인형의 작은 얼굴과 긴 다리를 볼 때마다 내 얼굴이 너무 큰
거 아닌가 하는 생각을 했단다.

그 인형을 어려서 많이 가지고 놀던 아이들은 그 인형의 외모
를 좋아하고, 동경하게 되지. 아름다움의 기준이 바로 그 인형
이 되어 버린 거야. 어른이 되어 바비 인형의 외모를 닮고 싶어
무리한 다이어트와 성형 수술을 하기도 해. 아름다움에 대해 고정관념이 생
겨버린 거야.

●**동경**: 어떤 것을 간절하게 원
하며 그것만 생각함.

여자애들은 그런 인형을 왜 가지고 놀아요? 우리처럼 변신하는 로봇을 가지고 놀면 더 재밌고 좋을 것 같아요.

 또 그런다. 남자라고 로봇 가지고 놀고 여자라고 여자 인형 가지고 논다고 생각하는 것도 고정관념이라고!

 그래서 여자들도 로봇 가지고 놀면 좋겠다고 말하는 거잖아.

얘들아, 우리끼리 남자와 여자로 편을 가르면 곤란해.

바비 인형이 요즈음은 많이 달라졌단다. 바비 인형은 그 동안 어린아이에게 외모가 예뻐야 한다는 고정관념을 심어준다는 사람들의 의견을 받아들였어. 이제는 현실적인 체형을 가진 모습으로 달라졌단다. 백인 모습의 바비 인형뿐만 아니라 흑인과 황인 등의 다양한 인종의 인형도 만들었어. 현실의 우리와 비슷한 모습으로 친근감 있게 변했어.

::: 등장인물의 입장에서 생각해보자

청소부 아저씨는 어떤 사람이라고 생각하니?

누군가를 알려면 그 사람의 말과 행동을 잘 살펴봐야 한단다.

청소부 아저씨의 말과 행동을 살펴볼까?

 아저씨는 닦아 놓아도 금방 더러워지는 표지판을 보며 짜증을 내거나 불평하지 않고 기죽지 않는 게 신기했어요.

맞아. 끈기 있고 책임감이 강한 분인 것 같지.

 호기심 많고 공부 하는 걸 좋아하는 분 같아요. 표지판의 이름에 적힌 유명한 사람을 알기 위하여 신문을 보고, 음악회와 오페라 공연을 보러 가고, 책을 빌려서 읽는 걸 보고 놀랐어요. 저는 공부는 정말 싫은데, 아저씨는 저랑 정말 달라요.

아저씨를 통해 자신도 돌아보고 있구나.

아저씨는 알고 있는 지식과 생각을 정리하여 말을 할 줄 아는 분이지. 자신이 닦는 표지판의 유명 인물에 대하여 말하다 보니 사람들도 아저씨의 능력을 알게 되었고, 사람들이 모여들지.

 아저씨는 부끄러움도 많은 것 같아요. 강연을 하고 내려오는데 사람들이 박수를 치니 얼굴이 빨개지면서 부담스러워 하셨어요.

그래도 아저씨가 곧 적응을 하셨으니 참 다행이지.

교수가 될 수 있는 기회를 거절하는 장면 기억나니?

 저는 정말 이해가 안 돼요. 청소부보다는 교수가 더 좋은 거 아니에요?

아저씨는 강연을 하는 것도 청소를 하는 것도 즐기셨지. 그런데 청소를 하면서 강연을 할 수는 있지만, 교수가 되면 청소를 하는 일은 포기하고 강연만 해야 하기 때문에 청소부 일을 선택한 건 아닐까?

아저씨와 같이 자신이 하는 일에 만족하는 사람과 그렇지 않은 사람의 차이를 아래에서 알아보도록 하자.

::: 자존감을 지켜주세요

자존감 높은 사람의 특징, 자존감 높이기 프로젝트

"내가 하는 일은 맘에 들어."라고 말하는 사람과 "나는 왜 이런 일을 하며 살아야 하는 거야?"라고 생각하는 사람 중에 누가 더 즐겁고 행복할까?

 선생님, 너무 당연한 질문을 하는 거 아닌가요?

그렇지, 그렇게 잘 알면서 실제로는 더 즐겁고 행복한 생활을 못 하는 사람들이 많아서 안타깝구나. 자신이 하는 일을 맘에 들어 하는 사람은 그 일을 하는 동안 즐겁고 행복하겠지. 그럼 일에 대한 만족도 높고, 그런 사람은 자존감도 쑥 올라간단다.

너희들은 나중에 어떤 일을 하고 싶니?

 검사나 판사가 되고 싶어요. '사'자 들어가는 직업이 좋다는 이야기 많이 하잖아요.

저는 돈 많이 버는 일 하고 싶어요.

이런! 정말 곤란하구나. 돈 많이 버는 일 해서 돈을 많이 벌게 되면 그다음에는 무엇을 할 거지? 설마 계속 돈만 버는 일을 목표로 살고 싶다는 것은 아니겠지?

 돈 버는 일이 나쁜가요?

그런 건 절대 아니란다. 돈을 많이 벌고 싶은 이유는 뭘까?

 그 돈으로 더 하고 싶은 일이 있고, 그러면 행복할 것 같아서요.

왜 하고 싶은 일이나 행복을 돈 벌고 난 다음으로 미루는 걸까? 하고 싶은 일을 하면서 돈 버는 동안에도 행복하면 더 좋지 않을까?

내가 좋은 게 아니고 남들이 좋다고 하는 직업을 선택하는 것은 나의 자존감을 스스로 눌러버리는 일이 아닌지 고민해보자.

행복한 청소부 아저씨가 행복한 이유를 다시 생각해 보렴. 스스로 원하는 일을 하고 있고, 일이 즐겁고, 일에 만족하니 자존감도 높은 거란다.

어떤 사람은 돈과 같은 물질에 더 높은 가치를 두기도 하고, 어떤 사람은 새로운 도전에 가치를 두기도 하고, 어떤 사람은 공부를 통해 새롭게 아는 것에 가치를 두기도 해. 정답이 있는 것은 아니지만 어른이 되고, 나이를 먹으면서 오랫동안 좋아하고 행복한 일이 무엇인지 각자 잘 생각해 보자.

청소부 아저씨처럼 자존감이 높은 사람들의 특징을 살펴보면 제일 먼저 자신을 사랑한다는 거야. 자신을 소중하게 여기고, 자신이 하는 일을 믿으며 긍정적으로 생각하지

"난 할 수 없어."라고 도망치거나 "왜 나는 이런 일을 하고 살아야 되나?"라는 생각을 하는 것이 아니라 "나는 내가 하는 일이 즐거워.", "이 일을 하면서 나는 새롭게 알게 되는 것이 많아."라는 생각으로 하루를 행복하게 보내지.

너희들도 어떤 일을 하든지 이런 행복한 기분을 느끼며 자존감 높은 사람이 되고 싶지?

그래서 지금부터 자존감을 높이기 위한 여러 가지 방법을 생각해 볼까?

::: 자존감 높이기 구체적인 실천 프로젝트

우리의 힘으로 세상을 한 번에 바꿀 수는 없단다. 하지만 그 세상 속에 있는 나의 생각은 바꾸려고 노력하면 바꿀 수 있지.

쉬운 일은 아니야.

구체적으로 너희들이 실천할 수 있는 일을 이야기하려고 해. 선생님도 실제로 실천해 보고 효과를 본 것이니 너희들도 한번 따라 해 보렴.

1. 나를 칭찬하기

 제가 잘한 것이 없는데 어떻게 칭찬해요?

잘 생각해 보렴. 최근에 내가 잘한 일이 없는지. 의외로 우리는 참 대견한 일, 잘한 일이 많은데 그냥 넘겨버려서 기억을 못 하는 거야. 작고 사소한 일도 좋아. 생각해 보자.

혹시 준비물 안 가져온 친구에게 준비물을 빌려주었니?

엄마께 웃는 얼굴로 밝게 "학교 다녀왔습니다!"라고 했다면 그것도 참 잘한 일이야.

친구에게 친절한 말투로 이야기했다면 그것도 칭찬받을 만한 일이야. 엄마가 정성 들여 한 밥을 맛있게 먹은 일, 엘리베이터를 타면서 뛰어오는 사람을 보며 멈춤을 눌러 준 일, 수업 시간에 선생님에게 집중하며 질문에 대답한 일, 하교할 때 친구에게 밝은 목소리로 "잘 가, 내일 봐!"라고 인사한 일 등등 생각보다 나를 칭찬할 일이 많지?

2. 주변 사람들을 칭찬하기

나만 칭찬하다가 잘못해서 나만 잘났다고 생각하면 안 되겠지?

나도 잘한 일이 많지만 내 주변 사람들도 잘한 일이 많단다. 학교에서 내게 웃어주는 선생님과 친구들, 아침에 나를 깨워서 학교 가도록 도와준 엄마, 싸우기도 하지만 같이 놀 때는 즐거운 형제, 하굣길에 횡단보도에서 안전지

킴이를 해 주시는 보안관 선생님, 숙제가 뭔지 몰라 전화했더니 친절하게 알려준 친구 등 주변 사람들을 돌아보면 참 고마운 일이 많을 거야.

3. 칭찬 감사 일기 쓰기

나를 칭찬하고, 주변 사람들을 칭찬하는 그 마음을 맘속으로 생각만 하면 금방 잊어버리고 끝날 수 있지. 그래서 선생님이 권해주는 것은 일기를 쓰는 거야. 일기가 아니라 포스트잇에 써서 책상 어딘가에 붙여 놓아도 좋아. 내가 생각한 것을 글로 표현하면 그 효과가 더 크다는 연구 결과도 있단다.

지금 당장 해보지 않을래?

내가 잘해서 인정을 받거나, 다른 사람들의 칭찬을 받을 때면 기분이 좋고, 행복하지?

그런 기분이 자존감을 높이는 데 도움이 되는 것은 맞아. 하지만 다른 사람들의 말로 내 기분이 좋았다 나빴다 하면 너무 불안해질 거야. 때에 따라서 잘하다가 내가 못 하는 경우도 있는데, 그럴 때는 높았던 자존감이 갑자기 바닥에 떨어질 수도 있어. 그래서 선생님이 강조하고 싶은 말은 '다른 사람과 비교하지 말고, 다른 사람의 칭찬이나 인정받는 것에 의지하지 말라는 거'야! "나는 세상에 하나밖에 없지. 나는 내가 원하면 무엇이든 할 수 있어. 나는 내가 좋아."라는 마음으로 내가 나를 인정하고 칭찬하는 일이 가장 중요하다고 생각해. 물론 단번에 그렇게 되기는 쉽지 않단다. 하지만 위에서 선생님이 말한 자존감 높이는 방법 세 가지를 실제로 꾸준하게 해 보렴. 분명 효과가 있을 거라고 약속할게.

각자의 직업에 대하여
존중하는 사회

News   신나는 미디어 신문

스웨덴 스톡홀름 대학에서 있었던 일이다. 교수가 복도를 지나는데, 청소부 아주머니가 교수를 야단쳤다. 금방 청소했는데 흙 묻은 구두로 지나가서 더러워졌다고. 그러자 교수는 고개 숙여 정중하게 사과를 했다.

2014년 1월 우리나라의 J대학 청소 노동자들이 파업을 했다. 파업은 일하는 것에 비하여 월급이 적거나, 환경이 좋지 않을 때 더 좋은 대우를 해 달라고 하며, 하던 일을 하지 않거나 항의하는 것을 말한다. J대학의 청소 노동자들은 휴식 공간도 갖춰져 있지 않고, 점심

식사도 화장실에서 해야 할 정도로 환경이 좋지 않았다. 일한 대가로 받는 월급도 너무 적어서 청소하는 일을 멈추고 항의 했다.

청소부라는 같은 직업에 대하여 나라마다 대우가 다르다. 하지만 직업은 사회 각 분야에서 각자 자신이 맡은 일을 하는 것이다. 직업에 귀천이 있는 것이 아니라 각자 하는 역할이 다를 뿐이라는 것이다. 이 일에 대하여 정당한 대우를 하고, 존중하는 사회 분위기가 시급하다. 각자 자신의 일에 자부심을 가지고 일할 수 있는 사회가 되기를 기대한다.

-박신나 기자

7 자존감을
높여 준 선생님

동화를 통한
자존감 이야기

〈고맙습니다, 선생님〉

사람과의 관계속에서
찾은 자존감

자존감을
높여 준 선생님

〈고맙습니다, 선생님〉
사람과의 관계속에서 찾은 자존감

::: 동화 이야기

책 속의 지식의 맛은 달콤하고 지식은 그 꿀을 만드는 벌과 같으니 책을 읽으며 지식을 좇아가라는 할아버지의 이야기를 듣고 자란 소녀 트리샤. 그러나 일 학년이 되어도 글자를 읽을 수 없었단다. 트리샤는 자신이 친구들과 다르다는 것과 벙어리가 된 것 같았어. 캘리포니아로 이사를 가게 된 트리샤는 새로운 학교에 가서 벙어리라는 놀림을 받으며 학교 가기를 싫어하며 혼자 공상에 빠지고 그림 그리기에 열중하지. 오학년이 된 트리샤는 새로 오신 폴커 선생님을 만나. 폴커 선생님은 누가 똑똑하건, 최고이건 상관하지 않는 분이었어. 트리샤를 놀리는 아이들을 막아주고, 트리샤의 그림을 칭찬하며, 방과 후에 글자 읽기를 도와주셨지. 폴커 선생님과 독서지도 플레시 선생님 덕분에 트리샤는 글자를 읽을 수 있게 됐어. 트리샤는 드디어 할아버지가 말씀하신 달콤한 지식의 꿀을 먹을 수 있게 된 것에 감사하며 행복했단다.

::: 작가 소개

패트리샤 폴라코

아일랜드 계 아버지와 유태 계 러시아인 어머니 사이에서 태어난 패트리샤는 캘리포니아주 오클랜드와 미시간 주의 유태계 할머니 사이를 오가며 문화적 영향을 많이 받았단다.

패트리샤 폴라코가 쓴 작품들을 보면 미국과 러시아, 유태인의 문화가 뒤섞여서 색다른 분위기를 만들고 있지. 패트리샤가 일반 미국인 가정이 아닌 다문화 가정에서 자랐기 때문에 다양한 문화를 표현할 수 있는 작가로 성장할 수 있었던 것 같아. 패트리샤는 미술사 박사 학위를 받고, 박물관에서 고대 유물 복원하는 일을 하고 있단다.

두 아이의 어머니이기도 한 패트리샤는 그래서 아이들의 마음을 더 잘 이해하는 작품을 많이 쓸 수 있었을 거야.

패트리샤 폴라코의 작품은 우리나라에도 정말 많이 번역되어 있단다. 〈할머니와 고양이〉, 〈할머니의 조각보〉, 〈천둥 케이크〉, 〈바바야가 할머니〉, 〈선생님, 우리 선생님〉, 〈나비가 전해준 희망〉 등 정말 많은 책들이 있구나. 책

의 제목만 살펴 보아도 패트리샤는 할머니와 선생님 등 사람과 사람 사이의
관계에 관심을 많이 가지고, 따뜻한 이야기를 많이 쓴 작가인 것 같지? 모두
찾아서 읽어보면 더 재미있을 거야.

::: 표지 읽기

표지의 그림에 보이는 트리샤를 볼래?
어떤 모습이니?

 책을 보고 있는데 표정이 밝지가 않아요. 한 손으로 머리
를 쥐어뜯는 것처럼 보이고, 한숨을 푹 쉬며 힘들어하는
것 같아요.

옆에 있다면 무언가 도와주고 싶어지는구나.
그리고 선생님은 어떠니?

 양복을 입으셨고, 주황과 파랑이 얼핏 보이는 남방은 선생님이 엄격하거나 무
서운 분이 아니라 패션에도 관심이 많은 세련된 분으로 보여요.

선생님은 트리샤를 지긋이 내려 보며 턱을 문지르고 계시는 것 같아. 트리

샤의 고민이 무엇인지, 어떻게 도와주어야 하는지 곰곰이 생각하고 계시는 중인가 봐. 트리샤와 선생님의 모습으로 이야기 전체를 조금은 짐작할 수 있을 것 같은 그림이구나.

::: 동화로 읽는 사회 이야기

왕따

학교생활 하면서 왕따를 당하거나 왕따를 시켜본 적이 있니? 그런 경험이 있더라도 사실대로 이야기하기는 쉽지 않을 거야. 왕따에 대한 사례를 한번 들어보렴.

ㄱ초등학교 2학년인 승원이는 모범적이고 용감한 아이였어. 친구들과 사이도 좋고 인기도 많았지. 그런데 같은 반 친구인 서진이가 언젠가부터 혼자 외떨어져 있는 것을 보았지. 그리고 어느 날에는 몇몇 친구들이 서진이를 둘러싸고 있는 것도 보았단다. 친구들에게 다가가 들어보니 "너, 잘난 척하지 마.", "급식 먹을 때는 네가 제일 늦게 먹어." 등의 말이었어.

승원이는 서진이의 앞을 막아서며 "너희들 서진이한테 왜 그래? 친구한테 그러면 안 되는 거잖아."

승원이를 좋아하는 친구들 몇이 승원이의 팔을 잡아끌며 "승원아, 너는 모른 척해. 서진이가 잘못해서 그런 거야."

승원이는 혼자 곤란해하는 서진이를 도와주고 싶었지만, 망설였단다.

서진이를 도와주다가 자기도 친구들에게 왕따를 당할 수도 있겠다는 생각이 들었기 때문이란다. 그리고 혼자서 고민하다가 부모님께 털어놓고 상의하여 학교 담임 선생님께 말씀드렸단다. 이렇듯 친구들 사이의 일이기는 하지만 왕따와 같은 일은 너희들끼리 해결하지 못 하는 일 중의 하나란다. 누군가 왕따를 당하거나 왕따를 시키는 것을 모른 척 지나친다면 모두에게 상처가 될 수 있으니 그럴 때는 부모님이나 선생님께 꼭 도움을 요청하렴.

::: 등장인물의 입장에서 생각해보자

트리샤는 정말 이해하기 힘들었을 거야. 자신이 왜 글을 읽을 수 없는지. 옆자리에 앉은 친구들이 술술 책을 읽을 때, 온통 글자들이 뒤죽박죽 섞여서 무슨 뜻인지 모를 문자를 보면서 정말 힘들었겠지. 어려서부터 책이 꿀처럼 달콤하다는 할아버지의 말씀을 들으면서 자신도 그 책을 스스로 읽을 수 있는 날을 손꼽아 기다렸는데 5학년이 되어서도 책을 읽을 수가 없다니.

 얼마나 답답하고 힘들었을까요?

거기다가 아이들은 놀리고, 폴커 선생님이 막아주셨지만 끝까지 쫓아다니는 에릭과 같은 친구를 만난다면 무섭기까지 할 거야. 그런 에릭이 있는 학교는 가고 싶지도 않았을 거야.

학교에 가면 친구 한 명 없이, 아이들의 따돌림과 왕따와 놀림 속에서 학교가 얼마나 싫었을까요?

점심시간이면 운동장에서 고무줄을 하면서 어울려 노는 아이들을 어두운 계단 아래 빈 공간 같은 곳에서 숨어서 지켜보면서 부러웠을 거야.

햇살 속에서 즐겁게 노는 친구들처럼 자신도 그렇게 어울리고 싶었겠지. 이 모든 힘든 일들이 왜 일어나는지도 모르면서 일방적으로 당하는 트리샤가 어떤 기분이었을지 너희들도 상상해보렴. 트리샤가 놓인 환경을 잘 떠올리면서 트리샤의 슬프고 속상한 마음을 공감할 수 있다면 너희들은 마음이 따뜻한 사람이란다. '에릭'이라는 아이가 쫓아다니면서

"멍청이!"

"못난이!"

라고 부르며 놀리자 트리샤 자신도 그 말을 믿기 시작해. 자기 자신을 멍청이 못난이라고 생각하다니. 다른 사람이 뭐라고 해도 나 스스로가 나를 소중하게 여기고 믿어주어야 하는데 말이야.

 트리샤를 놀리는 에릭을 한 방 먹이고 싶어요.

저런, 그렇다고 폭력을 쓰는 건 좋은 해결 방법은 아닌 것 같구나.

너희들은 적어도 에릭처럼 친구를 놀리는 행동은 하지 않을 것 같아 안심이야. 내가 싫은 것은 다른 사람에게도 하지 않아야 해. 너희가 트리샤처럼

놀림당하고, 괴롭힘을 당하고 싶지 않다면 너희들도 누군가를 놀리거나 괴롭혀서는 안 되는 거지. 입장을 바꿔서 생각하면 상대방의 기분을 이해하기 쉽고, 좀 더 상대를 배려할 수 있을 거야. 트리샤와 같이 친구들과 어울리지 못하고 홀로 외롭게 있는 친구가 있다면 따뜻한 말 한마디라도 해 줄 수 있었으면 좋겠구나.

::: 자존감을 지켜주세요

선생님으로 자존감을 찾은 사람들

헬렌 켈러와 코르착 선생님의 고아원 아이들

사람은 사람과 어울려 살아가는 것을 피할 수 없기 때문에 다른 사람의 영향을 정말 많이 받게 되지. 이 책에서 트리샤 역시 주변 사람들의 영향을 많이 받게 되는 것을 볼 수 있을 거야.

트리샤의 자존감을 떨어뜨리는 사람은 누구일까?

한 번에 딱 떠오르지?

 에릭이요. 에릭은 글을 읽지 못한다는 것을 알고 괴롭히고 놀려요.

맞아. 에릭의 놀림에서 도망가던 트리샤는 정말 자신이 멍청이일지도 모른다고 생각하지.

그럼 반대로 트리샤의 자존감을 키워 준 사람은 누구일까?

 할아버지와 할머니, 그리고 엄마와 오빠요.

그리고 가장 중요한 선생님. 트리샤가 난독증인 것을 알아차리고 트리샤의 자존감을 높여 주려고 칭찬으로 격려로 가르쳐주신 폴커 선생님, 그리고 난독증에서 벗어나도록 읽기를 도와준 플래시 선생님.

 정말 트리샤가 폴커 선생님을 만나지 못했다면 어땠을까. 생각만 해도 끔찍해요.

계속되는 따돌림과 놀림으로 학교를 못 다녔을지도 몰라. 그렇다면 영원히 난독증을 벗어나지 못하고, 글을 읽을 수 없어서 좌절하고, 자신을 못난이라고 탓하면서 그렇게 슬프고 힘든 삶을 살았을 거야. 어른이 되어서도 여전히 읽지 못하는 상태로. 이 이야기는 패트리샤 작가의 어린 시절의 이야기라고 해. 작가의 난독증을 알고 도와주신 실제의 폴커 선생님이 있다는 말이지. 그 선생님 덕분에 작가는 난독증을 이겨냈을 뿐만 아니라 글과 그림을 그리는 작가로 어린이를 위한 좋은 작품을 많이 쓰게 되었지.

다른 사람에게 도움을 주고 배려를 하는 사람이 있고, 다른 사람에게 해로움을 주고 힘들게 하는 사람이 있어. 트리샤는 친구들 때문에 힘들었지만, 폴커 선생님을 만나서 새로운 삶을 살 수 있었고, 자존감 높은 한 사람의 성인으로 성장한 거야.

너희들도 이렇게 고마운 어른, 고마운 선생님이 있니?

 네, 있어요. 친절하고, 칭찬 많이 해주시는 선생님이 좋아요.

아이들을 사랑하고, 아이들 스스로 자신을 사랑하도록 만든 몇 명의 선생님들이 떠오르는구나.

헬렌 켈러의 고마운 선생님 '설리번'

너희도 잘 알고 있을 것 같은데, 헬렌 켈러를 키운 설리번 선생님이 계셔. 말하지도, 듣지도 못하는 헬렌 켈러가 세상과 단절되어 외톨이로 살지 않고, 당당한 한 사람으로 살도록 도와준 설리번 선생님. '물'이라는 말을 설명해도 듣지 못하고, 보지 못하니 써서 보여줄 수도 없는 상황에서 손에 직접 물을 떨어뜨리며 헬렌 켈러의 손바닥에 '물'이라는 낱말을 반복하여 손끝으로 써주던 설리번 선생님. 몇 번의 반복으로 설리번 선생님이 무엇을 알려주고 싶어 하는지 알아챈 헬렌 켈러. 비로소 헬렌 켈러는 세상의 모든 것에 이름이 있고, 의미가 있고, 그런 것을 자신도 알 수 있을 거라는 희망을 갖게 된 거지.

고아원 아이들의 희망 '야누슈 코르착 선생님'

폴란드 바르샤바에서 고아원의 아이들을 사랑으로 가르치신 '야누슈 코르착' 선생님이 계셔. 의학을 공부하셨지만 전쟁 중에 버려진 고아들을 보살피기 위하여 고아원을 세웠지. 독일의 히틀러가 유태인을 마구 죽이던 그 시기에 코르착 선생님은 선생님을 존경하는 사람들이 그곳을 탈출할 수 있도록 도와주겠다고 했어. 선생님은 어떤 대답을 했을까?

"탈출을 거절하셨을 거예요."

맞아. 모두 거절했어. 결국에는 고아원의 아이들 200여 명과 함께 가스실에서 돌아가셨어. 아이들을 버리지 않고, 끝까지 같이 하신 코르착 선생님, 그 덕분에 가스실에서 죽어가는 아이들도 조금은 덜 무서웠을 거야. 다시는 반복되어서는 안 되는 정말 끔찍한 일이지. 그 끔찍한 일 속에서 코르착 선생님 같은 분이 있었다는 것이 큰 희망이야.

설리번 선생님은 사랑으로 심각한 장애를 가진 헬렌 켈러를 인권운동가로 키워 냈지. 크르착 선생님은 전쟁의 처참함 속에서 마지막 죽음의 순간까지 같이 하며 지켜주셨지. 선생님 한 분이 주신 큰 사랑으로 많은 사람들은 힘을 내고, 용기를 잃지 않고, 희망을 가지고 자신을 사랑하며 당당할 수 있는 거란다.

선생님, 고맙습니다!

트리샤의 '난독증' 도대체 뭐 길래?

News   신나는 미디어 신문

〈고맙습니다, 선생님〉의 책 속 주인공 트리샤는 난독증 때문에 글을 읽을 수 없어 놀림을 당했다. 사람들과 이야기를 하거나 놀이를 하는 것은 아무 문제도 없는데, 유난히 글을 읽는 것만 잘 안 되기 때문에, 어려서 난독증을 발견하지 못하는 경우도 많다고 한다. 그저 책을 못 읽는 것이 공부를 안 했다거나, 하기 싫어하는 아이들이라는 인상만 심어주고, 더 커서는 다른 사람보다 좀 모자라거나 부족한 사람 취급을 받게 되기도 한다. 어려서 발견하면 이 책의 트리샤처럼 여러 가지 교육

을 받으면서 좋아질 수도 있고, 완전하게 좋아지지 않더라도 일종의 병이라는 것을 알게 되면 주변 사람들에게 이해받고 도움을 받을 수도 있다. 트리샤처럼 난독증인지도 모르고 책을 못 읽으니, 친구들의 놀림을 받으면서 자존감이 낮아진다.

난독증을 이해하기 위해서 난독증의 몇 가지 증상을 소개한다.

난독증은 낱말의 순서가 뒤죽박죽되어 보인다거나 비슷하게 읽지만 전혀 다른 말로 보인다고 하는데, 예를 들면 '선생님사랑해요'와 같은 말이 '랑요해생님선사'와 같이

보인다면 어떨까요? '운동장'이 '운 농장'으로 보인다거나 '자전거'가 '사선거'등으로 보인다면 아무리 눈을 부릅뜨고 글자를 읽는다고 해도 무슨 의미인지 알 수 없다. 이런 증상들이 난독증에서 보여주는 많은 증상 중의 하나이다.

그럼 여기서 퀴즈 하나 풀어볼까?

다음에 설명하는 사람들의 공통점은 무엇일까?

화가이며 조각가이고 천문학자이며 음악가였던 레오나르도 다 빈치, 천재 물리학자인 아인슈타인, 미국 초대 대통령인 조지 워싱턴, 세계적으로 유명한 화가 파블로 피카소, 영화배우 톰 크루즈, 영국의 요리사로 세계적으로 유명한 제이미 올리버.

정답은?

바로 각자의 분야에서 성공한 사람들이면서 또 하나의 공통점은 난독증 증세가 있는 사람들이다.

그 중, 영국의 요리사 '제이미 올리버'는 요리의 재료나 조리하는 과정을 적은 글을 읽을 수가 없어서 다른 사람이 읽어주는 것을 모두 기억해야 했다. 그런 어려움 속에서도 영국 학생들이 인스턴트가 아닌 제대로 된 급식을 위하여 급식 혁명을 일으켰다. 일반인들이 설탕을 너무 많이 먹어서 각종 질병에 걸린다고 생각하여 '설탕과의 전쟁'을 펼치면서 설탕 덜 먹기 운동을 펼치고 있다. 난독증으로 그것을 극복하고 성공하기도 힘들었을 텐데, 다른 사람들을 위한 일을 하는 그 분들 덕분에 세상이 더 밝아지는 것 아닐까?

어려운 역경을 극복한 후, 사회를 위한 활동을 하는 것을 보면 절로 고개가 숙어지고 존경심이 솟아난다. 주변에서 그런 훌륭한 분들을 더 찾아보자. 생각보다 가까이에 그런 분들이 많다.

-박신나 기자

8 자존감을
높여 준 친구

동화를 통한
자존감 이야기

〈화요일의 두꺼비〉

친구로
자존감 높이기

자존감을
높여 준 친구

〈화요일의 두꺼비〉
친구로 자존감 높이기

::: 동화 이야기

두꺼비 워턴은 청소하는 것을 좋아하고, 명랑한 성격으로 어느 누구와도 잘 어울리는 성격이야. 형 모턴과 함께 살고 있는데, 형이 만든 맛있는 딱정벌레 과자를 툴리아 고모에게 가져다드리기 위해 겨울의 눈 속을 뚫고 출발하지. 가는 길에 눈 속에 거꾸로 처박힌 사슴쥐를 구해주어 빨간 목도리를 선물로 받으며, 골짜기를 지날 때 낮에 돌아다니는 올빼미를 조심해야 한다는 정보도 얻지. 그러나 결국에는 올빼미에게 잡혀서 참나무 구멍의 올빼미 집에 끌려가. 올빼미는 여섯 밤 후, 화요일의 생일에 두꺼비 워턴을 잡아먹겠다고 해. 밝고 명랑한 성격의 워턴은 이 상황에서도 올빼미의 집을 청소하고, 차를 나누어 마시며 이야기를 나누지. 이름도 없고, 친구도 없던 올빼미를 워턴은 '조지'라고 불러줘. 올빼미 조지의 마음은 서서히 변해갔어. 도망가려는 워턴이 스웨터를 풀어 사다리를 만드는 것을 보고 잠시 화를 내기도 하지만 조지는 생일날 아침 드디어 결심해. 워턴을 잡아먹지 않기로. 그리고 워턴이 좋아하는 노간주 열매 차를 마실 수 있게 하려고 노간주나무 덤불에 갔다가 여우에게 잡혀서 죽을 위험에 놓이지. 그 순간에 사슴쥐 친구들 100명의 도움으로 올빼미의 집을 탈출하여 스키를 타고 도망치던 워턴은, 올빼미가 여우에게 물어뜯기는 것을 보고 도와주게 되지. 사슴쥐 백 마리가 뾰족한 스키 봉으로 여우를 겨누고 달려가니 여우는 놀라서 도망가. 올빼미는 워턴이 도망치는 중이라는 말을 듣고 어이없어해. 생일 저녁 식사 후에 노간주나무 열매를 구해올 테니 같이 마시자는 조지의 메모를 워턴이 보지 못한 거지. 올빼미 조지는 워턴에게 친구가 되자고 하지. 그리고 툴리아 고모 댁까지 워턴을 등에 태우고 데려다주지.

::: 작가 소개

러셀 에릭슨

미국 커네티멋 주 콜린스빌의 작은 마을에서 자란 러셀 에릭슨은 우리나라에서 군대 생활을 하기도 했어. 한 때는 석판공의 일도 했지만 서른 살이 넘어서면서 어린이 글 쓰기를 시작하여 독특하고 재미있는 글을 많이 쓰고 있지. 이 책의 주인공 워턴이 등장하는 〈워턴과 상인들〉, 〈워턴과 스키 왕〉, 〈워턴의 크리스마스 이브〉 등의 이야기책도 있다고 하는데, 우리나라에 번역되어 있지는 않아서 안타까워. 워턴의 이야기를 더 읽을 수 있도록 우리나라 말로 번역된 책이 빨리 나오기를 기대해 보자.

::: 표지 읽기

미국판   1997년   2014년

위의 표지 그림을 보면 러셀 에릭슨 작가가 미국에서 출판할 때의 표지 그림, 우리나라에 처음 발행 되었던 1997년 표지 그림, 그리고 2014년에 새롭게 그려진 표지 그림이란다.

미국의 표지의 올빼미 조지와 두꺼비 워턴의 표정은 참 재미있어요.
달력을 들이미는 것을 보니 '너는 이 날짜에 나에게 잡아먹힐 거야'라고 협박하는 것 같아요.

오, 정말 그런 것 같구나.

두 번째 1997년도의 그림은 조지와 워턴이 따뜻한 차를 마시며 즐겁게 이야기를 나누는 장면이구나.

 같이 차를 마시면서 이야기를 나누면 친해지는가 봐요.

추운 날 도란도란 이야기 나눌 친구가 있다는 것은 행복한 일일 거야. 올빼미는 처음 친구라는 것을 알게 되고, 그리고 자신이 겪었던 폭풍우 속에 날다가 큰일 날 뻔한 일, 벌집을 건드린 일을 이야기를 하고 있겠지? 눈 내리는 겨울밤을 오순도순 보내는 모습이 참 따뜻해 보여.

세 번째 2014년의 표지 그림은 워턴이 스키를 타고 출발하려는 모습과 조지가 날고 있는 모습을 같이 보여주어 우리들이 두꺼비와 올빼미 사이에 무슨 일이 벌어질지 상상하게 하려는 그림인 거 같아.

 그런데 올빼미 조지가 멀리서 날고 있는 모습이라서 그다지 무서워 보이지 않아요.

그래, 아마 워턴의 위치에서 바라본 조지를 그리다 보니 멀리 있는 조지는 작게 표현되었네.

너희들은 어떤 표지가 가장 마음에 드니?

::: 동화로 읽는 사회 이야기

친구

요즘 사람들은 인터넷으로 SNS를 많이 하지. 너희들은 아직 어려서 많이
하고 있지는 않을 거야. 그런데 고학년이 되면 부쩍 컴퓨터나 휴대전화 사용
시간이 늘어나게 될 거야.

얼굴이 보이지 않는 인터넷상에서 맺어지는 관계도 친구라고 표현하지. 페
이스북 친구, 카톡 친구, 트위터 등등에서 우리는 온라인 친구를 사귀게 돼.
물론 그중에는 얼굴을 매일 보는 친구도 있고, 알고 있는 친구도 있어. 하지
만 한 번도 본 적은 없지만 친구가 되기도 해. 친구란 어떤 존재일까? 친하다
는 것은 무엇일까?

 항상 가까이에 있으면서 내가 심심할 때 같이 놀아주는 사랑이 친구라고 생
각해요.

 내가 공부를 같이하고 학원을 같이 다니는 사랑이 친구예요.

우리는 친구라는 말을 자주 사용하지만, 정확하게 내가 원하는 진정한 친
구는 많지 않을 거야.

진정한 친구는 어떤 친구일까?

이 책의 올빼미 조지와 두꺼비 워턴의 관계를 떠올리며 곰곰이 생각해 보렴.

올빼미 조지가 말하는 워턴

나는 조지야. 올빼미지.

나에 대해서 너희들이 잘 아는 것 같아서 말하는데, 나는 나름 인정 많고 따뜻한 마음을 갖고 있어. 못 믿겠다는 표정은 그만둬. 나도 처음부터 따뜻한 마음을 가진 게 아니라는 건 인정할게.

난 말야, 항상 혼자였어. 언제부터였는지도 몰라. 혼자 사냥을 하고, 혼자서 먹고, 혼자서 잠들었지. 높이 날다가 우박과 번갯불에서 헤매던 무서운 날에도 혼자였고, 밤에 날다가 벌집을 건드려서 온몸이 벌에 쏘여서 고통스럽던 날에도 난 혼자였어. 그래서 남들도 다 그렇게 사는 줄 알았어.

내 생일에 먹을 두꺼비 워턴을 만나기 전까지는 친구라는 것이 뭔지도 몰랐고, 필요하다는 생각도 안 했어. 먹고 먹히는 관계밖에는 나는 관심이 없거든.

나는 올빼미라는 것에 대해 자부심도 강하고, 자존심도 강해. 남들과 어울려 보지 않았으니 내가 제일 잘 났고, 제일이라는 생각을 하고 살았어. 그런데 워턴을 만나니까 얼마나 당황스럽던지.

워턴은 나에게 먹히는 두꺼비 주제에 겁이 없는 것 같았어. 나를 두려워하거나 무서워하지도 않고, 우리 집에 데려왔더니 겁에 질려 벌벌 떠는 게 아니고 청소를 하면서 휘파람도 부는 거야. 지저분하고 차가운 기운이 돌던 내 집안이 깨끗해지고, 따뜻한 촛불을 켜고 나니 내 마음도 조금은 따뜻해지는 것 같았지.

그러나 어림없지.

내가 누구야.

나는 올빼미라구.

두꺼비 따위는 나의 먹거리일 뿐이니까.

그런데 워턴은 따뜻한 촛불보다 더 따뜻한 차를 끓이는 거야. 나는 배가 고 프면 허기를 채우려고 잡아먹는 거 외에 먹는 걸 필요로 하지 않았어. 그러니 차를 마시는 게 어떤 건지 잘 몰랐어. 차를 마신다는 것은 말이야. 마음의 여 유가 생기고, 같이 차를 마시는 상대와 이야기를 나눈다는 것은 가슴이 훈 훈해지고 절로 미소가 지어지는 그런 것이었어. 나 혼자만 알고 있는 내가 겪 은 이야기를 워턴은 열심히 들어주니까, 벼락 맞을 것 같은 무서웠던 순간과 벌집을 건드린 무시무시한 순간에 혼자가 아닌 워턴이 계속 같이 있었던 것 같은 착각이 들었어. 정말 신기한 경험이야.

워턴은 아주 수다스러워. 조용하던 내 집이 언제나 워턴의 명랑한 수다가 들리니까 외롭지 않았어. 그리고 워턴은 나의 이름도 물어봤어. 난 이름도 없 었는데. 친구가 없으니 내 이름을 불러줄 일도 없고, 그러니 이름도 필요 없 었던 거지. 그런데 이름 없는 내게 만약 이름이 있다면 어떤 이름이었으면 좋 겠냐고 물어봐서, 나는 조지라는 이름을 말하고 나니 쑥스럽고 부끄럽기도 했어. 하지만 그다음부터는 워턴이 나를 '조지'라고 불러주고 그 이름을 들 을 때마다 내가 나를 생각하면서 자랑스러운 마음도 드는 거야. 이름이 없다 는 것이 얼마나 불쌍한 것인지 그 동안은 전혀 몰랐었지. 나도 드디어 이름을 갖게 되었고, 그 이름을 부르며 나와 마주하고 이야기를 나누는 상대가 있다는 것은 정말 즐거운 일이야. 그건 두꺼비를 백 마리를 잡아먹는 것보다도 더 행복하고 의미 있는 일이지.

그동안 나는 사납고 공격적인 삶을 살아왔어. 이름도 없었고, 친구도 없었고, 내 자신에 대해 생각해 본 적도 없었고, 주변은 지저분하고, 어둡고, 칙칙했어. 즐거움이나 행복 같은 기분은 생각도 하지 않았어. 하지만 친구가 생기고 나니까 내 삶은 완전히 바뀌었어. 눈바람이 몰아치는 겨울이어도 마음은 따뜻하고, 노간주 열매를 구하기 위하여 헤매며 다니는 것도 즐거워. 비로소 내가 나인 것 같고, 잘살고 있다는 생각도 들어.

얘들아,

친구란 그런 건가 봐.

친구와 나는 하나가 아닌데도 친구의 행복이 나의 행복 같고, 친구가 원하는 것은 내가 원하는 것 같고, 친구를 위해서는 뭐든지 할 수 있고, 그런데 그런 일들이 나를 행복하게 해. 그런 나 자신이 너무 좋고, 맘에 들기도 하고.

친구가 꼭 많지 않아도 괜찮아.

나처럼 진정한 친구 워턴 하나만 있어도 나는 충분하다고 생각해. 너희도 진정한 친구를 찾아 봐.

주변에 워턴과 같은 친구가 있지?

여러 명이라고?

부럽구나. 나도 앞으로는 사슴쥐들 하고도 친구로 지내보려고 해.

-조지가

::: 자존감을 지켜주세요

서로의 자존감을 높여주는 친구

누군가 우울하고 힘들고 지칠 때, 몇 명이 있어야 위로가 되고 힘이 되어줄 수 있다고 생각하니?

 3명이요.

 5명이요.

많으면 많을수록 좋아요.

전문가 선생님들에 따르면 지치고 힘들 때, 단 한 명의 진정한 친구, 위로가 되어주는 사람이 있다면 그 우울감과 힘든 것을 버틸 수 있다고 한단다.

우리는 앞에서 다른 사람의 말 때문에 상처받고 힘들어하는 경우를 이야기 나누었지?

다른 사람의 영향으로 우리의 자존감이 낮아지고, 그래서 더욱 나 자신을 믿을 수 없게 되고 사랑할 수 없게 되는 경우가 많아. 다른 사람이 이렇게 상처를 주기도 하지만 반대로 다른 사람이 나에게 힘과 용기를 주기도 한단다. 그런 힘과 용기를 주는 사람이 많으면 좋겠지만, 꼭 그렇게 많지 않아도 된단다. 한 명이라도 나를 믿고 응원해 준다면 우리는 힘을 얻을 수 있어.

너희들을 믿어주고 응원해주는 사람은 누구니?

친구들이 저를 가장 응원해 줘요.

 부모님이요.

선생님이요.

부모님이나 선생님은 너희들보다 어른이고 성숙하여서 너희들을 많이 도와주실 거야. 그러나 친구는 너희들과 비슷한 생각을 하고 있고, 또 어떤 문제를 해결해주거나 하지는 못해.

그럼에도 불구하고 너희들은 힘들거나 어려운 일은 가장 먼저 친구와 이야기하게 되지 않니? 우리는 자라면서 부모님의 품을 떠나 내가 한 사람으로 온전하게 역할을 할 수 있도록 하는 존재가 친구라는 것을 잘 알고 있을 거야. 사춘기가 찾아오면 부모님보다 친구가 더 좋고, 친구가 더 의지가 되기도 하고, 친구와 있는 시간이 더 많아지기도 해.

신기하지 않니. 친구는 나를 낳아주지도 않았고, 나를 키워주지도 않고, 내게 무언가를 무조건 주지도 않아. 물질적으로는 아무것도 해주지 않아. 하지만 우리는 정신적으로 친구를 믿고 의지하게 되지. 우리를 홀로 설 수 있게 하는 것, 어른에게서 분리하여 내가 나로 설 수 있게 하는 것이 친구라는 존재 같아.

그래서 친구를 잘 사귀는 것도 중요하단다. 친구는 서로를 믿고 의지해야 하는데, 서로에게 상처 주는 말을 하거나 괴롭히는 관계라면 친구가 아닌 거지. 한 쪽이 일방적으로 하고 싶은 대로 하고, 서로 대화가 되지 않는 관계는 정말 고통스러울 거야. 그러니 우리는 상대를 배려하고, 내가 도움을 받고 응원을 받고 싶은 만큼 응원해주고 도와주겠다는 마음으로 친구를 대해야 할 것 같아.

내게 좋은 친구가 있고, 친구에게 내가 좋은 친구라면 두 사람 모두 든든한 둥지가 있는 것과 같은 안정감을 느낄 수 있을 거야. 그것은 부모님이 주시는 둥지와는 또 다른 또래 집단의 둥지이기도 하지. 부모님이 우리를 따라다니면서 챙겨 주거나 힘을 보태주시지 않더라도, 우리는 친구에게서 또 다른 힘을 얻게 되는 거지. 그래서 친구와 나는 서로를 소중하게 여겨주고, 남에게 소중한 존재인 것을 알게 되면 나도 나 스스로가 만족스럽고 소중하게 느껴질 거야. 그러니 친구 사이는 함께 자존감이 쑥 하고 올라가게 되겠지.

서로를 소중하게 여기는 그런 친구 사이가 되렴.

참다운 친구

우리의 전래 동화 중에서 〈참다운 친구〉라는 이야기가 있다. 어떤 친구가 참다운 친구인지 고민하면서 이 이야기를 한번 살펴보자.

아주 사이가 좋은 친구 감개와 돌개가 있다. 두 친구는 단짝처럼 꼭 붙어 다녔다. 어디를 가나, 무슨 일을 하나 항상 함께했다. 둘은 공부를 열심히 해서 과거 시험에 같이 붙어서 나라의 일꾼이 되자고 약속했다.

그런데 감개는 과거 시험에 붙었지만, 돌개는 매번 떨어졌다.

감개는 쌀이며 돈을 보내어 돌개를 도와주었다. 그러다 어느 날 보내주던 것을 딱 끊어버렸다. 돌개는 서운해서 감개를 찾아 한양으로 갔다. 감개를 사람들 앞에서 돌개와 같은 거지를 모른다고 말하며 그를 쫓아냈다. 실망하여 집으로 돌아와 보니 자기가 죽었다며 장례식을 치르고 있었다. 감개가 자신을 죽었다고 말하며 가족들에게는 집과 논밭을 사주었다고 했다. 돌개는 기막혀하며 장례식의 관에는 도대체 무엇이 있는지 열어보았다. 거기에는 감개의 편지가 들어 있었다.

공부를 열심히 하지 않는 친구를 위하여 이렇게 할 수밖에 없었다며 공부를 열심히 해서 과거 시험에 붙기를 바라는 감개의 편지가 들어 있었다. 그 후 돌개는 밤낮으로 열심히 공부해서 과거시험에 합격하여 감개와 함께 존경받는 관리가 되었다.

이 이야기는 참다운 친구라면 친구를 위하여 어떻게 하는 것이 좋은지를 돌아보게 한다.

내 주변에 나의 참다운 친구가 누구인지 돌아보자. 또한 나는 내 친구에게 참다운 친구인지 생각해 보는 시간을 갖자.

-박신나 기자

입장 바꿔
생각해 봐!

동화를 통한
자존감 이야기

〈늑대가 들려주는 아기돼지 삼형제〉

역지사지로
자존감 살피기

입장 바꿔
생각해 봐!

〈늑대가 들려주는 아기돼지 삼형제〉
역지사지로 자존감 살피기

::: 동화 속으로

　〈아기돼지 삼형제〉 이야기 알고 있니? 아기돼지 삼형제가 엄마에게서 독립하여 각각 집을 짓고 살기로 했대. 첫째 돼지는 지푸라기로 집을 지었고, 둘째 돼지는 나무로 집을 지었고, 셋째 돼지는 시멘트로 집을 지었어. 어느 날 배고픈 늑대가 첫째 돼지의 지푸라기 집을 후 불어서 날려버리자 첫째 돼지는 둘째 돼지네 집으로 도망쳤어. 그 후 나무로 집을 지은 둘째 돼지네 집에 늑대가 불을 질렀어. 첫째 돼지와 둘째 돼지는 셋째 돼지네 집으로 도망쳤지. 셋째 돼지의 집은 늑대가 후후 불어도 날아가지 않고, 불을 지를 수도 없어서 늑대는 굴뚝으로 들어가지. 그런데 셋째 돼지는 굴뚝 아래에 펄펄 끓는

뜨거운 물을 놓아서 늑대가 벌을 받는다는 이야기야.

이 이야기는 제각각 조금씩 다르게 전달되고 있어. 그래도 변하지 않는 건, 옛날이야기 속에서 늑대는 사악하고 돼지를 잡아먹는 나쁜 역할이라는 거야. 그런데 지금부터 이야기할 〈늑대가 들려주는 아기돼지 삼형제〉는 주인공 늑대는 나쁜 역할이 아니라고 해. 지금부터 살펴보자.

늑대는 할머니에게 드릴 생일 케이크를 만드는데 설탕이 없었대. 감기가 심하게 걸린 늑대는 설탕을 빌리기로 하고, 돼지네 집을 찾아가지. 첫째 돼지는 지푸라기로 집을 지었는데, 감기에 걸려 코가 근질거린 늑대는 재채기를 했어. 그러자 집은 그대로 무너져 버렸어. 늑대는 그 무너진 짚더미에 속에서 죽은 돼지를 발견하고 맛있게 먹었지. 우리가 눈앞에 치즈버거를 두고 안 먹을 수 없듯이, 늑대가 죽은 돼지를 먹지 않을 수 없는 거지. 늑대는 여전히 설탕을 구하려고 둘째 돼지의 집으로 갔는데, 나뭇가지로 지은 집이었대. 초인종을 누르자 돼지가 "꺼져 버려, 늑대야!"라고 소리 지르지. 마침 그때 재채기가 나오고 집은 또 무너져 버렸지.

두 번째 돼지가 죽어 버렸고, 늑대는 우리가 음식을 먹듯이 먹어 치웠지. 설탕을 못 구한 늑대는 다시 돼지들의 제일 맏형의 집으로 가 보니, 이번에는 벽돌집이었대. 문을 두드리자 "꺼져 버려, 늑대야. 다시는 날 괴롭히지 마."

이후에 늑대는 어떻게 되었을까? 〈아기돼지 삼형제〉처럼 늑대를 벌주었을까? 아니면 늑대가 이겼을까? 책 속에서 확인하고 알려줘.

::: 작가 소개, 그린이 소개

존 셰스카 글, 레인 스미스 그림

존 셰스카는 교사로, 재미있고 장난스러우며 독창적인 글을 쓰는 작가야. 널리 알려진 옛날이야기를 원래의 이야기에서는 볼 수 없는 새로운 이야기로 바꾸어 쓰기를 잘하지.

레인 스미스는 수많은 책을 썼는데, 그중에서 〈어처구니없는 옛날이야기〉, 〈제이크 하늘을 날다〉 등의 글을 썼어. 수많은 책을 펴냈고, 칼데콧상, BIB 황금사자상 등 유명한 여러 그림책 상을 받았지. 이 책 〈늑대가 들려주는 아기돼지 삼형제〉 이야기는 미국도서관협회의 '주목할 만한 책'과 뉴욕 타임즈의 '일러스트레이션이 뛰어난 10권의 책'으로 선정되기도 했대. 자유로운 생각과 유쾌한 상상력의 그림책을 많이 그려서 어린이뿐만 아니라 청소년과 어른들도 아주 좋아하는 그림 작가란다.

::: 표지 읽기

돼지와 늑대에 대하여 어떻게 생각하고 있니?

 돼지는 약하고 착한 동물이고, 늑대는 그런 돼지를 잡아먹는 사나운 동물이에요. 다른 이야기책에서도 대부분 그렇게 나와요.

대부분 그렇게 생각하기 쉽지. 그런데 이 책의 표지를 보면 안경을 쓰고 나비 넥타이를 매고 양복을 입은 늑대가 보여. 거칠거나 나쁜 느낌보다는 예의 바른 신사 같은 느낌의 늑대이지. 늑대가 콧김을 불어서 돼지가 날아가는 그림과 그 옆에 신문 기사의 내용인 것 같은 글자들이 써 있지. 아마 이 책의 마지막에 늑대가 억울하다고 했던 내용의 기사인 것 같지?

늑대와 돼지에 대한 우리의 고정관념과 거리가 먼 늑대 그림을 보면 이 이야기를 미리 짐작할 수 있단다.

::: 동화로 읽는 사회 이야기

늑대는 전래동화나 이솝 우화, 옛이야기에 많이 등장하지. 양치기 소년이 심심해서 늑대가 나타났다고 소리를 지르자 마을 사람들이 괭이를 들고 뛰어오지. 염소와 양을 키우는 사람들 입장에서 늑대는 소중하게 키운 동물을 잡아먹는 늑대는 물리쳐야 할 적이 되는 거지. 하지만 야생의 늑대는 원래 초식 동물을 잡아먹으며 끼니를 해결하고 사는 동물이잖아. 늑대가 양이나 염소를 먹는다고 나쁘다고 할 수는 없지.

 〈빨간 모자〉 이야기에서 늑대가 빨간 모자를 잡아먹잖아요. 그래서 저는 늑대가 좋은 이미지가 아니에요.

할머니 댁에 심부름 가는 빨간 모자를 잡아먹기 위하여 할머니 집에 먼저 가서 할머니를 잡아먹고, 할머니인 척하는 것 때문에 그렇게 생각할 수도 있겠구나. 늑대 입장에서는 정말 억울하겠다. 사람들의 이야기 속에서 항상 악당 역할이라 어린이들의 적이 되어 버렸네.

이렇게 늑대를 사람에게 해롭고 나쁜 동물이라고 생각하는 이야기도 있지만, 우정을 나누는 늑대 이야기도 있단다.

애니메이션 중에 〈폭풍우 치는 밤에〉라는 작품에 늑대와 염소가 등장하는데, 늑대와 염소 사이에도 우정을 키울 수 있는 이야기가 나온단다. 늑대 '가부'와 염소 '메이'가 폭풍우 치는 위험을 같이 이겨내고 친구가 되는 이야기야. 그러니 늑대는 나쁜 동물이며 적이라고만 생각하지 말아달라는 늑대들의 이야기 소리가 들리는 것 같지 않니?

::: 등장인물의 입장에서 생각해보자

나는 늑대야.

내가 이 책에서 아기돼지 삼형제가 어떤 오해를 했는지 다 이야기했는데, 이 책을 읽는 너희들도 나에 대한 오해가 풀렸는지 궁금해. 사람들은 약한 동물이나 사람의 편에 서고 싶어 하고, 응원하지. 그건 좋아. 약자를 보호하려고 하는 것은 착한 마음이니까. 그런데 힘이 약하다고 무조건 약한 존재가 옳거나 잘하는 건 아닌 것 같아. 돼지들은 내가 왜 자기들 집을 찾아갔는지 물어보지도 않았고, 알려고도 하지 않았어.

초인종을 눌렀을 뿐인데 거칠고 심한 말을 해.

대뜸 "꺼져 버려."라든지 나에게는 정말 소중한 할머니인데, 그 할머니께 드리고 싶은 생일 케이크 때문에 설탕이 필요한 것인데. 나의 할머니에 대해서 "다리나 부러져라."라는 말은 정말 참을 수 없는 말이야.

너희들도 누군가 너희 부모님을 나쁘게 말한다면 참을 수 있겠니?

나에 대한 나쁜 말은 참을 수 있어도, 나는 할머니 다리가 부러지라고 말한 돼지는 정말 용서할 수 없어.

도대체 돼지들은 왜 그런 걸까?

누군가 초인종을 누르면 "누구세요?"라고 물어야 하고, 내가 누군지 알고 있었다면 "무슨 일로 우리 집에 온 거니?"라고 물어봤더라면 나는 순순히 말했을 거야. 설탕을 조금만 빌려 달라고. 할머니를 위한 케이크를 만들고 싶다고 말이야.

돼지들은 나에 대해 제대로 알지도 못하면서 겁부터 먹거나, 겁나는 것을 감추기 위해서 더 심한 말로 나를 이겨보겠다는 것이었을까?

나는 돼지들도 이해할 수 없지만, 돼지가 신고했다고 나를 잡아간 경찰도 이해가 안 되고, 신문 기자들은 정말 너무하다고 생각해. 아무리 사람들이 재미있어할 이야기라고 해도 기자들은 사실을 보도해야 하는 거잖아. 진실을 숨기고, 사람들에게 인기를 얻을 만한 기사를 쓰는 것은 기자의 자격이 없다고 생각해.

이제 나의 이야기를 들은 너희들은 나에 대한 오해 좀 하지 말아줘. 나는 정말 억울해.

나는 어떻게 이 억울함을 풀어야 할까?

너희들이 좀 도와주지 않을래?

너희들까지 무조건 돼지 편을 든다거나, 이 기사의 내용을 무조건 믿는 것
은 아니지?

제발.

나의 말을 믿어 줘.

-늑대 올림

::: 자존감을 지켜주세요

역지사지로 자존감 키우기

원래의 〈아기돼지 삼형제〉와 새로 읽은 〈늑대가 들려주는 아기돼지 삼형
제〉의 이야기는 다르지?

 굉장히 달라요. 아기돼지와 늑대의 입장이 완전히 바뀌었어요.

누구의 입장에서 이야기를 하느냐에 따라서 다르게 된다는 것을 눈치챘니?

늑대가 들려주는 이야기에서는 단지 설탕이 좀 필요해서 빌리려고 했을
뿐인데.

아기돼지 삼형제도 어려서부터 무서운 늑대를 조심하라고 듣고 자라서 늑대가 조금만 가까이 다가와도 무서웠을 거야.

 맞아요. 아기돼지들은 무서워서 벌벌 떨었을 거예요.

아기돼지들이 늑대를 두려워하고 무서워하는 상황에서는 진실을 제대로 볼 수 없었던 거지. 무서워하고 두려워하는 동안 우리는 제대로 판단할 수 있는 능력을 잃게 된단다. 자기 자신의 나약함에 대한 생각이 커서 상대를 제대로 볼 수 없게 되는 거지. 자신의 힘이 약하니 자신 스스로를 믿지 못하고, 그 상태는 자존감이 낮은 상태가 되는 거야. 상대를 제대로 볼 수 없을뿐더러 늑대에 대하여 무섭고 두려운 존재라는 선입견은 올바른 판단을 못하게 하지.

늑대는 개과에 속하는 동물로 사람과 늑대는 일종의 라이벌 같아. 둘 다 집단생활을 하며 치열한 생존경쟁을 벌여서 그런지, 중세시대 북유럽에 존재했던 전설에서는 늑대가 악역으로 나온단다. 하지만 늑대의 사진을 보면 믿음직한 개와 비슷한 모습으로 감탄사가 절로 나오게 될 거야.

늑대에 대한 선입견처럼 다른 사람에게 선입견을 가지고 있지 않은지 생각해 보자. 상대를 두려워하고 무서워만 할 것이 아니라 우리는 진실을 보려고 노력하며 당당하게 상대와 마주하여 이야기할 수 있도록 용기를 내 보자.

내가 마주할 수 없을 정도로 강하거나 힘든 상대라면 부모님이나 선생님께 도움을 청해보렴. 혼자서 무서워하지 말고. 혼자서 끙끙 앓거나 두려워서 피하기만 한다면 불안감은 더 커지고, 자존감은 한없이 낮아진단다.

우리 주변에는 도와줄 사람들이 많단다.

선입견, 고정관념은
태어날 때부터 가진 것 아니라
자라면서 배운 것

News   신나는 미디어 신문

　　EBS 교육 프로그램에서 '선입견은 언제 생길까'라는 조사 연구를 했다.

　　유치원생과 초등학생 아이들에게 백인, 흑인, 황인의 사진을 보여주며 누가 왕자님일지를 물었다.

　　그 대답에 대한 결과로 아이들은 백인이며 잘생긴 사람을 왕자라고 생각하고, 험상궂은 흑인은 도둑이라고 답하는 경우가 많았다. 그런데 유치원생들보다 초등학생들 중 더 많은 수가 왕자는 백인에 잘생긴 사람이고, 흑인이 도둑이라는 대답을 더 많이 했단다.

　　그 결과로 선입견이나 고정관념은 우리가 가지고 태어난 것이 아니라 이 사회에서 자라면서 갖게 된 것이라는 걸 알 수 있다.

　　이런 고정관념은 아이들 잘못이 아니다. 어른들이 정해진 생각을 많이 하면서 그것이 아이들에게 영향을 미친 것이다.

이런 고정관념을 가지고 있으면 우리는 진실을 보지 못하고, 나와 타인의 관계를 좋게 만드는 것보다 멀리하게 만드는 경우가 많다.

우리는 고정관념을 버리기 위한 노력이 필요하다. 고정관념을 버리기 위해서는 많은 사람을 만나보거나, 다양한 경험을 하는 것이 도움이 된다.

그 속에서 다른 사람을 긍정적으로 보고, 다른 사람을 존중하는 마음을 갖는다면 우리는 고정관념을 줄일 수 있다.

-박신나 기자

10 얼굴에도 인격이 보여!

동화를 통한
자존감 이야기

〈도깨비를 빨아 버린 우리 엄마〉

표정이 밝으면
자존감이 높아져요

얼굴에도
인격이 보여!

〈도깨비를 빨아 버린 우리 엄마〉
표정이 밝으면 자존감이 높아져요

::: 동화 속으로

빨래하는 것을 좋아하는 엄마는 날씨가 좋은 날이면 커튼이며 이불과 옷
까지도 모두 빨아. 그리고는 아이들에게 아무거나 빨 것 좀 찾아오라고 하지.
고양이, 강아지, 닭, 우산, 슬리퍼 등 모두 닥치는 대로 빨아버리는 우리 엄
마. 온갖 것을 빤 엄마는 숲의 나무에도 빨랫줄을 얼기설기 멘단다. 그리고
는 모두 널지. 그때 이 위를 지나가던 천둥번개도깨비가 엄마가 매어놓은 빨
랫줄에 걸려 떨어졌어.

자, 도깨비는 어떻게 될까? 이후의 이야기가 궁금하다면 〈도깨비를 빨아
버린 우리 엄마〉 속으로 들어가 봐. 선생님과 더 많은 이야기를 나누려면 꼭

읽고 와야 한다는 거 알지? 약속했어.

::: 작가 소개

사토 와키코

이 책을 쓴 사토 와키코 씨는 일본에서 태어나서 디자이너로 일하면서 책을 쓰는 작가야. 일본에서 아동 출판 미술가로 활약하며 그림책에 활발한 활동을 펼치고 있지. 〈삐악이는 흉내쟁이〉란 책으로 제1회 일본 그림책상을 받았어. 그러니 얼마나 좋은 그림을 그렸는지 짐작이 가지? 많은 그림책과 동화를 쓰며 '작은 그림책' 미술관을 운영하고 계신 작가야.

친구들은 〈도깨비를 빨아버린 우리 엄마〉를 보면서 떠오른 것이 있니? 선생님은 '호호 할머니'가 떠올랐어. 호호 할머니가 누구냐고? 〈비 오는 건 싫어〉, 〈화가 난 수박 씨앗〉에 등장하는 주인공 할머니란다. 그런데 왜 갑자기 호호 할머니 이야기냐고? 그 할머니가 동화 〈도깨비를 빨아버린 우리 엄마〉의 주인공과 아주 닮았기 때문이지.

 선생님, 혹시 같은 사람이 그런 거 아녜요?

오! 맞았어. 바로 사토 와키코 씨가 그리고 쓴 책들이야. 그래서 똑 닮은 주인공이 등장한 것이지. 이 밖에서 〈심부름〉, 〈혼자서 집보기〉, 〈알이 사라졌어요〉, 〈씽씽 달려라! 침대썰매〉, 〈군고구마 잔치〉 등 다양한 작품을 내놓았단다.

 도깨비를 빨아버린 우리 엄마가 나이 들어서 호호 할머니가 된 것 같아요!

하하하! 닮았으니 그렇게 생각할 수도 있겠네!

::: 표지 읽기

책 표지에 뭐가 보이니?

잔디가 있는 마당의 수돗가, 빨래가 담긴 양동이, 그리고 커다란 대야에 빨래판을 놓고 손빨래를 하시는 엄마가 보여.

요즘은 가정에서 이런 모습을 보기 힘들지만 옛날 엄마들은 이런 모습으로 빨래를 했었지. 재미있어 보이니? 겨울이면 찬물에 손을 담가야 하고, 여름이면 많은 빨래를 일일이 손으로 빨아야 하지.

 선생님, 우리 엄마도 이렇게 빨아요.

아! 엄마께서 애벌빨래를 하시거나 속옷을 빠시는 걸 본 모양이네.

애벌빨래가 뭐예요?

　아빠 와이셔츠의 옷깃이나 우리 친구들 옷에 묻은 초코우유 자국처럼 심하게 더러운 곳을 손으로 비벼 빤 후 세탁기에 넣게 되는데, 이렇게 먼저 대강 한 번 빨아주는 것을 애벌빨래라고 해.
　빨래 이야기를 한참 했구나.
　자, 다시 책 이야기로 가 볼까?
　빨래를 하고 계시는 엄마의 표정이 어떻니?

 웃고 있어요. 땀도 흘리고 있어요.

　그래 맞아. 우리 친구가 본 것처럼 땀을 흘리시면서 기분 좋게 빨래를 하고 계시구나. 그럼 엄마는 빨래가 싫은 건 아니겠구나!

 그런 것 같아요. 저는 저 대야에 있는 비눗물로 비누거품 놀이 하고 싶어요.

　하하하! 그런 생각할 수도 있겠구나!
　아무튼 엄마는 지금 두 팔을 걷어붙이고 즐겁게 빨래를 하고 계신 거지.
　표지로 엄마가 빨래에 대해서 어떻게 생각하는지 알아봤으니, 이제 책 속으로 들어가 보자.

할 수 있는 일, 하고 싶은 일

이 책을 읽는 친구는 어떤 일을 잘할 수 있니? 그리고 그 일을 얼마나 좋아하니?

〈도깨비를 빨아 버린 우리 엄마〉에 등장하는 '우리 엄마'는 빨래하기를 좋아하는 엄마란다. 그래서 날씨가 좋은 날이면 커다란 빨래통을 꺼낸 뒤 소매를 둘둘 걷어붙이고 빨래를 하지. 책 표지에서 본 것처럼 말이야.

그렇다고 해서 모든 엄마가 빨래하기를 좋아하는 건 아니야. 선생님은 빨래하기를 좋아하지 않아. 사실 빨래는 세탁기가 하니까 싫은 게 없는데, 젖은 빨래를 널어야 하고, 다 마르면 차곡차곡 예쁘게 개야 하는 일이 아주 번거롭거든.

그런데 '우리 엄마'는 모든 빨래를 눈 깜짝할 새에 빨아버리고, 다른 빨랫감을 찾을 정도니 정말 빨래를 좋아하는 것 같아. '우리 엄마'가 빨래를 널기 위해 숲에다 줄에 맸지.

가만가만 책 속의 그림들을 살펴보렴.

저기, 나무 사이사이로 매어진 빨랫줄에 시계도 보이고, 주전자도 보이고, 우산도 보이네. 와우! 호랑이를 닮은 고양이도 보이고, 백조를 닮은 오리도 보여. 아마도 '우리 엄마'가 보이는 것은 모두 빨아 널었나 봐. '우리 엄마'는 이렇게 빨래를 많이 하시고도 밝고 씩씩한 얼굴을 하고 계시지. 마치 '세상

빨래야, 모두 덤벼라.' 하는 얼굴로 말이야.

여러분은 자신이 잘할 수 있는 일을 했을 때 어떤 기분이 드니?

- 피아노를 잘 치는 나에게 가족의 생일마다 '축하곡' 반주를 부탁받을 때의 기분
- 노래를 잘하는 나에게 아빠께서 칭찬하시며 한 곡 불러 달라고 부탁받았을 때의 기분
- 만화책을 좋아하는 내가 도서관에서 하루 종일 만화책을 보고 또 볼 때의 기분
- 종이접기를 잘하는 내게 친구들이 내가 접은 종이학이 제일 예쁘다며 부탁할 때의 기분
- 달리기 빠른 내가 경찰과 도둑 놀이에서 항상 제일 유능한 경찰로 꼽힐 때의 기분

여러분도 자신이 잘하는 일을 하게 되면 빨래를 하는 '우리 엄마'처럼 환하게 웃게 될 거야. 그것이 바로 할 수 있는 일을 할 때의 기분인 거지. 그리고 우리는 그러한 기분을 통해서 자존감을 키우게 되는 거야.

책 속에서는 자존감에 관한 이야기가 한 가지 더 나와. 그럼 지금부터 그 이야기를 해 보자.

빨아추세요. 그려주세요. 예쁜 아이로 만들어주세요

도깨비의 방망이를 찾아 나선 천둥번개도깨비는 구름을 운전해서 전속력으로 빨래에 다가갔지. 그러자 엄마는 빨랫줄에서 거두어들였고, 근처에 있는 도깨비는 그만 빨랫줄에 걸려 바둥거리게 되었지. 도깨비의 건방진 말투에 화가 난 '우리 엄마'는 도깨비를 빨래통으로 집어 던졌어. 그리고 실력을 발휘하여 깨끗하게 빨아서 빨랫줄에 널었지. 그런데 이게 무슨 일일까.

 빨고 나니까 얼굴이 사라졌어요. 그래서 아이들이 그려주었어요. 그랬더니 도깨비가 예쁜 아이가 되었다고 좋아했어요.

그러고는 도깨비가 하늘로 달아나지. 그다음엔 어떻게 되었는지 여러분도 알고 있지?

 더러운 도깨비들이 모두 찾아왔어요.

맞아. 도깨비들이 '빨리 빨아달라고, 씻겨 달려고' 합창을 하지. 그러면서 어제처럼 예쁜 아이로 만들어 달라고 외치지.

그런데 얘들아! 이 책 속의 도깨비는 자기 얼굴을 좋아했을까 아니면 싫어했을까?

싫어했어요. 그러니까 바꿔 달라고 했죠.

그래 맞아. 그럼 도깨비 이야기를 좀 해 볼까?

도깨비 하면 넌 어떤 이미지가 생각나니? 우리는 도깨비 하면 약간은 험상 궂고, 심술 맞고, 욕심 많고, 무섭게 생겼다고 생각하지. 이것이 도깨비에 대한 우리들의 선입관이기도 해.

 선입관이 뭐예요?

아! 선입관이란 어떤 대상에 대하여 우리 마음속에 이미 들어와 있는 고정적인 생각을 말해. 예를 들면 '지구는 동그랗다', '여자는 약하다' 등의 고정된 생각, 즉 고정 관념을 선입관이라고 하는 거야. 자, 그럼 도깨비에 대한 선입관을 다시 한번 이야기해 볼까?

 맞아요. 제가 본 도깨비들은 눈이 부리부리하고 입은 커다랗게 생긴 아주 무서운 모양이었어요.

맞아. 도깨비도 자기들의 모습이 이렇게 보인다는 것을 알고 있었던 것일까? 엄마에게 예쁜 아이로 만들어 달라고 부탁하잖아. 그래서 실제로 예뻐졌고, 기분 좋아하지. 비슷한 이야기 하나 해 볼게.

::: 자존감을 지켜주세요

표정 속에 자존감이 있어요

어느 시골 논에 허수아비 하나가 서 있었어. 허수아비의 일은 참새가 벼를 쪼아 먹지 못하도록 새를 쫓는 것이었어. 그래서 언제나 위로 쭉 찢어진 눈을 하고, 인상을 쓰고 있었지. 길을 가던 아저씨가 허수아비를 보게 되었어. 그리고는 '추수도 끝났고, 참새 쫓을 일도 없어졌으니 이제 얼굴 좀 펴라'라고 말씀하시고는 얼굴을 새로 그려주었지. 미소 가득 담은 스마일 표정의 다정한 얼굴로 말이야.

표정이 바뀐 허수아비에게 어떤 일이 생기게 될까? 혹시 참새가 친구 하자고 찾아오지는 않았을까?

얼굴은 사람의 마음을 나타내는 거울이라고 말해. 예뻐야 한다는 것이 아니고, 밝고 편안하고 보기 좋아야 한다는 말이야.

선생님은 수업에서 많은 친구들을 만나지. 그 친구들의 모습을 잠깐 이야기해 볼게.

- 누군가의 눈치를 보느라 눈을 옆으로 가느다랗게 떠서 눈이 예쁘지 않은 친구
- 늘 화가 났다는 걸 입술로 나타내느라 입술이 앞으로 툭 튀어나온 친구
- 친구들의 잘못만 비꼬느라 얼굴 표정이 한쪽으로 일그러진 친구

어때? 여러분도 이런 친구들 본 적 있니? 그런데 정말 중요한 것은 다른 친구의 모습이 아니라, 나의 모습이란다. 혹시 내가 이런 모습을 하고 있지는 않은지 생각해 보렴.

 선생님! 그러고 보니까 저도 엄마께 꾸중 들을 때나, 친구가 마음에 안 들 때 흘겨보거든요. 그러면 제 얼굴 표정이 예쁘지 않게 찌그러지게 되는 거겠네요!

맞아. 바로 그거야. 그러니 너의 표정을 밝고 건강하게 만들어갈 필요가 있겠지? 그러면 어떨 때 좋은 표정이 나올까?

 아까 이야기했던 거요. 제가 하고 싶은 것을 할 때나, 제가 잘하는 것을 할 때요.

맞아. 그럼 여러분은 무엇을 잘할 수 있니? 또는 여러분이 하고 싶은 것은 무엇이니? 자신이 할 수 있는 걸 하나씩 생각해 보고, 그것을 실천할 수 있는 사람이 되어야 해. 그래야 다른 사람의 기준에서가 아니라, 나의 힘으로 세상에 당당하게 맞설 수 있는 자존감 높은 사람이 될 수 있어. 자, 그럼 지금부터 여러분이 할 수 있는 것들의 목록을 만들어보면 어떨까? 그리고 어떤 일에서도 항상 웃을 수 있는 사람이 되기 위해 늘 긍정적인 생각을 하도록 노력해 보면 어떨까? 그렇다고 슬픈 일에도 웃어야 하는 건 아니라는 거 알지?

소통은 상대의 감정을
존중하고 수용하는 일에서 시작

News  신나는 미디어 신문

공자의 '예기(禮記)'에는 사람의 감정 일곱 가지, 즉 칠정을 이야기한다. '희노애락애오욕'이 그것인데, 각각 기쁨, 화냄, 슬픔, 즐거움, 사랑, 미움, 욕망을 의미한다. 사람은 이 일곱 가지 칠정을 어떻게 다루느냐에 따라 각기 다른 고유한 존재로 나타난다.

그러나 기쁜 일에 기뻐하지 못하고 화나는 일에 화내지 못하고 슬픈 일에 슬퍼하지 못하면 병이 들기 쉽다. 즉, 사람의 '감정 표현'이 '나'를 표현하는 수단이며, 살아 숨 쉬는 또 다른 '나'를 드러내는 방법이다.

하지만 이러한 감정을 잘 알아차리지 못한다면 자신을 이해할 수 없는 것뿐만 아니라, 상대의 감정을 존중할 수 없게 된다. 기쁜 일에 같이 기뻐해 주고, 슬픈 일에 함께 슬퍼해야 하는데 그것이 어려워지는 것이다. 그러니 소통이 되지 않고, 다른 사람과 문제를 일으키게 된다.

감정을 잘 표현하지 못하는 것은

자존감의 상처를 받았기 때문이라 할 수 있다. 예를 들어 주변인으로부터 '너는 하나도 잘하는 게 없어.', '너는 왜 그렇게 생겼니?' 등의 말 때문에 상처를 받고 마음의 문을 닫았기 때문이다. 그리하여 감정을 나눌 수 없는 상태가 된 것이다.

자존감을 높이기 위해서는 자신이 가진 상처가 무엇인지 생각해 보아야 한다. 그리고 그때의 감정을 솔직하게 표현하는 방법을 배워야 한다. 하지만 화냄이나 슬픔 또는 미움 등의 감정을 있는 그대로 드러내라는 것은 아니다. 즉흥적으로 바로바로 드러내는 것은 오히려 상황을 나쁘게 만들 수 있고, 자존감을 떨어뜨리는 일이 될 수 있다.

감정이란 말 하지 않아도 상대가 알아주는 것이 아니다. 밖으로 드러내고 표현해야 상대가 이해해주고 배려해주는 경우가 많다. 그러므로 자신의 감정을 어떻게 표현해야 할지에 대해서 생각해 보아야 할 것이다.

-박신나 기자

11 나의 소리에 귀 기울여봐!

동화를 통한
자존감 이야기

〈너는 특별하단다〉

특별한 나를
인정해 주세요

나의 소리에
귀 기울여봐!

〈너는 특별하단다〉
특별한 나를 인정해 주세요

::: 동화 속으로

웸믹이라는 마을은 '엘리'라는 목수 아저씨가 만든 나무 사람들이 살고 있다. 이들은 제각기 금빛 별표와 잿빛 점표가 든 상자를 가지고 다닌다. 이들은 재주가 뛰어나거나 색이 잘 칠해진 웸믹들에게 별표를 붙여주고, 나뭇결이 거칠 거나 재주가 없는 웸믹에게는 잿빛을 붙여준다. 우리 주인공 펀치넬로는 잿빛 점표를 받아 기분이 좋지 않다. 그런데 어느 날 별표도 점표도 없는 루시아를 만나게 된다.

맥스 루케이도 글, 세르지오 마르티네즈 그림

이 책은 미국 텍사스에서 태어난 맥스 루케이도 씨가 쓴 작품이야. 막스 루케이도 씨는 변호사가 되고 싶었으나, 교회의 목사가 되지. 맥스 루케이도 목사는 성경 공부를 하는 사람들을 지도하였고, 교회의 소식지에 칼럼이라는 글을 썼어. 그 뒤 맥스 루케이도 목사는 아내와 함께 브라질의 리우데자네이루로 옮기게 돼.

막스 루케이도 목사는 하느님의 말씀을 글로 잘 풀어내는 탁월한 능력을 가지고 있었어. 그는 오랫동안 기억에 남고, 지친 사람들을 위로하며, 희망찬 삶을 살도록 격려하는 글을 쓰려고 노력했지. 그런 노력 덕분에 지금까지 전 세계 6천5백만의 독자가 그의 책을 읽고 있다고 해.

 이 책 읽으면서 목수 엘리의 모습이 예수님을 닮았다고 생각했었는데 이유가 있었네요.

맞아! 맥스 루케이도 목사는 1999년, 미국 복음주의 기독교출판협의회(ECPA) 최고상, 미국 기독교서점협의회(CBA)와 인터넷서점 아마존 '98, '99, 2년 연속 베스트셀러로 지정되기도 하였어. 또한 〈크리스채너티 투데이〉지가 선정한 '이 시대의 가장 영향력 있는 기독교 저술가'로 선정된 것을 비롯하여 미국 복음주의 기독교출판협회(ECPA)에서 각 부문별로 선정하는 골

드메달리온상을 7번이나 받는 영예를 안기도 했지.

어때, 대단하지 않니?

 맥스 루케이도 목사님은 이 밖에도 어떤 글들을 쓰셨나요?

그의 작품으로는 세 딸에게 밤마다 들려주었던 이야기를 묶은 〈아주 특별한 너를 위하여 - 아빠가 밤마다 들려주는 사랑 이야기〉, 1년 이상 심혈을 기울려 집필한 그의 대표작 〈예수님처럼〉 외에도, 〈주와 같이 길가는 것〉, 〈예수가 선택한 십자가〉, 〈하나님이 빚으시는 사람〉, 〈하늘에 있는 나의 집〉, 〈천사 이야기〉, 〈맥스 루케이도 여행〉, 〈괜찮아 그래도 넌 소중해〉, 〈우리 동네에서 예수님을 만났다〉, 〈인생의 어떤 순간에도 하나님은 너를 포기하지 않는다〉, 〈세상이 외면하는 순간에도 하나님은 너를 사용하신다〉, 〈목사님, 사는 게 힘들어요〉, 〈하나님, 저도 고치실 수 있나요?〉, 〈루케이도에게 배우는 사랑〉, 〈너는 지금을 이겨낼 수 있다〉 등 많은 작품이 있단다. 그리고 현재도 텍사스 주의 샌안토니오에서 목사로 일하며 강의와 글쓰기 활동을 하고 있단다.

 그런데 이 따뜻한 그림은 누가 그리신 거예요?

아! 이 책의 그림은 화가 세르지오 마르티네즈 씨가 그린 거란다. 멕시코 시티에서 태어나 파리에서 미술 공부를 하셨지. 어린이들을 위한 많은 책에 그림을 그리셨지. 대표작으로 〈네가 최고야!〉, 〈가장 감동적인 선물〉, 〈초록색

코가 된다면〉, 〈너를 사랑한단다〉, 〈행복은 네 곁에 있단다〉 등의 책에 그림을 그리셨어.

 선생님! 제목부터 따뜻해요!

그렇지? 자, 그럼 책을 펼쳐 보자꾸나.

::: 표지 읽기

책 표지에 뭐가 보이니?

 선생님, 피노키오처럼 나무로 만든 인형이 누워 있어요.

아! 정말 그런 것 같구나. 아직 제대로 완성된 것 같지 않아 보이는 나무 인형이 길게 누워 있고, 그 위로는 나무망치도 보이고, 또 아래로는 실이 보이는구나. 누가 웸믹 마을 사람을 만들고 있었나 봐.

 저 나무 사람이 누워있는 바닥은 목수 엘리의 작업 책상인가 봐요.

그래. 그런 것 같구나! 그리고 가운데 제목이 있고, 그 안에 엘리와 우리의 주인공 펀치넬로가 보이는구나. 두 사람이 어떤 이야기를 하고 있는 것 같니?

 책 제목에 있는 말이요. '너는 특별하단다'요.

그래. 선생님도 그렇게 생각해. 그런데 표지 색깔이 밝지 않네. 어떤 느낌이니?

 음, 선생님이 노랑색 옷을 입고 오실 때는 밝아 보이는데, 밤색이나 검은색 같은 어두운색을 입고 오실 때 보면 화나신 것 같기도 하고 아무튼 밝아 보이지 않아요. 그래서 이 책도 무겁게 보여요.

아! 선생님 옷을 보며 그런 생각을 했구나. 선생님이 앞으로 밝은색의 옷을 입고 와야겠네. 자, 그럼 책 속으로 들어가 보자.

::: 동화로 읽는 사회 이야기

다른 사람이 어떻게 보는지는 중요하지 않아

우리는 종종 나를 다른 사람과 비교하지. 옆집 친구가 나보다 예쁘다고, 뒷집 친구가 나보다 공부를 잘한다고, 건넛집 언니가 나보다 피아노를 잘 친다고, 아랫마을 동생이 나보다 키가 크다고 말이야. 그래서 내가 작아지고, 내가 쓸모없게 여겨지기도 하지.

하지만 기죽을 필요 없어. 너는 '너'라는 그 자체로 특별하니까.

 선생님, 그런데 특별한 게 뭔데요?

특별하다는 건, 보통과는 다르게 구별되는 것을 말해. 예를 들면 학교에서 매일 공부만 하다가 내일 소풍을 간다고 하면, 그 소풍 가는 게 특별하게 되는 거야.

 아! 그럼 특별하다는 건 좋은 거네요.

웸믹 마을 사람들은 모두가 날마다 같은 일을 하며 살지. 서로에게 금빛 별표와 잿빛 점표를 붙여주는 일말이야. 재주가 뛰어나거나 색이 잘 칠해진 웸믹은 별표를 받고, 나뭇결이 거칠 거나 재주가 없는 웸믹들은 잿빛 점표를 받지.

 그런데 저는 좀 이해가 안 됐어요. 재주는 사람마다 다르잖아요. 그리고 시장님은 재주가 없는데도 시장이라는 이유로 별표를 받잖아요. 그리고 펀치넬로는 잘하려고 노력하는데, 노력은 높게 평가하지 않잖아요. 펀치넬로가 노력하면서 잘 되어 갈 때는 별표를 안 붙여주고, 실수할 때까지 기다렸다가 잿빛 점표를 붙여주잖아요. 너무해요!

맞아. 마을에는 온통 나무로 만든 사람들이 모여서 다들 비슷한 일을 하는데, 누군가는 별표로 평가받고 다른 이는 잿빛 점표를 받지.

물론 우리는 혼자서는 살 수 없는 사회 속에서 살고 있어. 나를 낳아주신 부모님과 내 주위에서 나와 관계를 맺고 있는 많은 사람들과 함께 살아가고 있지. 그래서 그들을 무시하고 살 수는 없지. 함께 살기 위해서는 지켜야 할 것도 많고, 함께 하기 위해 포기해야 하는 것들도 있어. 그렇다고 해서 그들의 생각에 나를 맞추라는 건 아니야.

너는 너 자체로 특별하고 중요해. 그러니 다른 사람의 기준이 아니라, 너 자신만의 기준으로 너를 바라봐.

::: 등장인물의 입장에서 생각해보자

넌 아주 특별하단다

 그런데 특별한 건 모두에게 좋은 건 아닌 것 같아요.

그러게. 펀치넬로 입장에서 보면 특별하다는 건 좋은 게 아닐 것 같아. 펀치넬로는 다른 웸믹들에게 특별한 존재가 되고 싶었던 건 아닐 거야. 그저 잿빛 점표를 받지 않고 싶었을 뿐일 거야. 그런데 그렇게 하려면 별표를 받아야 하고, 별표를 받으려면 특별해야 했던 거지. 나는 '나'라는 이유만으로 특별한 건데. 다른 사람의 인정을 받으려는 펀치넬로가 안쓰럽게 보이지!

하지만 지금 특별하지 않다고, 다른 사람들보다 뒤처진다고 걱정할 필요는 없어. 지금은 조금 뒤처질지 모르나, 시간이 지나면 우리 모두는 변한단다. 크면서 공부를 잘하게 되기도 하고, 키가 커지기도 하고 말이야. 그러니 지금부터 실망하고, 나를 미워할 필요가 없단다.

너는 단지 '너'라는 이유만으로 특별하단다.

나를 있는 그대로
인정해 주세요

News   신나는 미디어 신문

나를 나로 만들어줄 '자존감을 키우는 방법'을 알아보자.

1. 용기 있게 시작하고 끝까지 하자.

　못하면 혼날 것 같은 두려움 때문에 아무것도 시도하지 않는다. 또는 시도했다 하더라도 결과가 나오기 전에 포기한다. 그러다 보면 자신이 무엇을 할 수 있는지 알 수 없어서 자존감을 키울 수 없다. 그러니 용기 있게 도전하고, 잘 하지 않아도 괜찮으니 끝까지 마무리를 짓자.

2. 스스로 생각하고, 결정한 것에 책임지자.

　생각도 연습이 필요하다. 훗날 어른이 되었을 때 합리적인 결론을 내리려면, 결론을 내리는 연습이 필요하다. 또한 나의 결론에 따라 달라지는 미래를 경험하고, 그 경험을 통해 스스로 책임지는 능력을 키워야 한다. 이러한 훈련은 자신감을 키우고, 나의 자존감을 높이게 된다.

3. 나를 나로 인정하고 타인을 존중
　하자.

　이렇게 노력하는 중에 만난 사람
들이 나를 인정하지 않더라도, 나
를 믿고 최선을 다하자. 또한 나를
보는 타인의 시선이 예쁘지 않더라
도, 나를 낮추는 겸손을 지녀보자.

나의 자존감을 높이기 위해 내가
그대로 인정받고 싶은 것처럼, 타
인도 있는 그대로 존중하자. 그것이
타인의 가치를 높여주는 길인 동시
에 나의 가치를 높이는 방법이다.

　　　　　　　　-박신나 기자

그대로
인정해요

동화를 통한
자존감 이야기

<점>

있는 그대로
상대를 인정해요!

그대로
인정해요

〈점〉
있는 그대로 상대를 인정해요!

::: 동화 속으로

　〈점〉은 미술 시간에 그림을 그리는 것에 흥미가 없는 베티 이야기야. 미술 선생님은 어떤 것이라도 그려 보라고 말씀하시지. 베티는 연필을 내리꽂아 '점' 자국을 내고 말지. 선생님은 한참 들여다보고 베티의 이름을 쓰라고 해. 그리고 그 그림을 액자에 넣어서 걸어 놓지. 베티는 그것보다 더 멋진 점을 그릴 수 있다며 점을 그리기 시작해. 베티가 그린 점들이 어떤 색깔, 어떤 모양인지 책을 한번 읽어보렴. '점' 하나만 가지고도 얼마나 많은 표현을 할 수 있는지 놀라울 거야.

피터 레이놀즈

이 책의 작가인 피터 H. 레이놀즈 씨는 뉴욕타임스의 베스트셀러 작가란다.

 베스트셀러는 뭐예요?

베스트셀러란 일정 기간 동안 인기가 많아서 많이 판매된 책을 말하지. 이 책의 작가 피터 레이놀즈 씨는 많은 사람들에게 감동을 주어 〈점〉이라는 책 외에도 〈느끼는 대로〉, 〈나 하나로는 부족해〉, 〈언젠가 너도〉, 〈너를 보면〉과 같은 작품들도 인기가 많단다. 지금은 '블루 버니 북스 앤 토이즈'라는 서점이자 장난감 가게를 운영하며 아이들을 위한 다양한 활동을 하고 있단다. 이 가게에 가보고 싶지 않니?

::: 표지 읽기

표지에 보이는 덥수룩한 머리에 좀 반항적으로 보이는 아이가 베티란다.

 베티는 엄청 힘이 센가 봐요. 저런 커다란 붓으로 벽 전체에 그림을 그리는 걸 보니까요?

베티는 뭐든 열심히 하는 열정적인 아이로 보여요.

　지금은 저렇게 커다란 붓으로 열심히 점을 그리고 있지만, 처음부터 저렇게 열정적이지는 않았어. 미술 선생님이 그림을 그리라는 말에도 삐딱하게 앉아서 "전 아무것도 하고 싶지 않아요. 저를 건드리지 마세요."라는 표현을 온몸으로 하고 있었지.

 표지에 보이는 점의 주황 빛깔은 굉장히 열정적으로 보이는데, 처음부터 그런 건 아니었군요.

　저 점은 주황 빛깔도 있지만 한가운데에는 노란 빛깔이지. 촛불을 켜거나 활활 타는 불꽃을 본 적이 있니? 뜨거운 불꽃은 단순하게 빨간 빛깔만이 아니란다. 베티의 뜨거운 열정이 표지의 커다란 점과 그 속에 일렁이는 빛깔로 표현된 것 같구나.

::: 동화로 읽는 사회 이야기

있는 그대로 인정해요
너를 있는 그대로 인정해주는 사람이 있니?

아니요. 없는 것 같아요. 특히 어른들은 '이렇게 해라.', '이런 것은 하지 마라.'라는 말씀을 자주 하세요.

그 이야기를 들으니 어른의 입장에서 미안하고 부끄럽구나. 아직 어린 너희들에게 가르쳐야 할 것들이 많다고 생각해서 어른들이 요구사항이 좀 많지? 하기 싫은 것을 억지로 시키기도 하고, 하고 싶은 것을 못 하게 막기도 하지.

 맞아요. 어른들은 정말 청개구리 같아요. 우리가 놀고 싶을 때 못 놀게 하고, 항상 공부하라고 해요. 우리 보고 청개구리라고 하지만, 우리가 보기에는 어른들이 청개구리 같아요.

그동안 불만이 정말 많았나 보구나. 이 책의 이야기에 나오는 미술 선생님은 좀 다르단다. 베티가 하고 싶지 않은 것을 억지로 시키는 것이 아니라, 하고 싶은 대로 하라고 하지. 그리고 대단하지 않은 점 하나를 불량스럽게 내리꽂으며 찍었을 뿐인데, 진지하게 봐주었지.

 대부분은 다시 그리라고 하는데 베티네 선생님은 좀 다른 분인 것 같아요.

그것뿐만이 아니지. 아주 소중한 그림 대하듯 그것을 액자에 넣어서 걸어 놓기도 하지. 있는 그대로 베티의 점을 그림으로 인정해 주시는 멋진 선생님이지.

베티의 선생님 같은 어른들이 많았으면 좋겠어요.

왠지 이 책은 너희들보다는 어른들이 더 봐야 할 동화 같구나. 이 동화를 보고 아이들에게 강요하고 지시하기보다는 있는 그대로를 인정해주고, 격려하는 어른들이 많아졌으면 좋겠구나.

::: 등장인물의 입장에서 생각해보자

주인공 베티는 어떤 아이일까?
베티의 이야기를 들어볼까?

"나는 학교 수업이 재미없고, 정말 따분해. 선생님이 하라는 대로 해야 하고, 하기 싫은 것도 많아. 처음에 미술 수업은 정말 지루했어. 나는 그림을 그리고 싶지 않았거든. 그런데 선생님이 자꾸 그림을 그리라고 하니까, 아무렇게나 연필을 내다 꽂은 거야. 선생님이 화를 많이 낼 거라고 생각했어. 그런데 선생님이 내 그림을 한참 들여다보니까 혼나는 것보다 더 가슴이 두근거렸어. 점 하나를 찍은 도화지에 내 이름을 쓰라고 했을 때는 이해할 수 없었지. 그리고 액자에 넣어서 걸어놓은 내 그림을 보는 순간, 놀라기도 했지만 기뻤어. 하지만 나는 여전히 심술을 부리며 더 멋진 점을 그릴 수 있다고 잘난 척을 했지. 많은 점을 그리면서 어떤 일에 빠져들어서 할 때의 기분을 알게 됐어. 아무렇게나 그린 점을 인정해주고 소중하게 생각해 준 선생님이 있기에 '점' 그림을 그리는 것에 빠져들 수 있었어."

::: 자존감을 지켜주세요

있는 그대로의 상대를 인정해 주기

우리는 상대방이 이랬으면 좋겠다는 바람을 가지고 있지. 그래서 내가 원하는 모습이 아닐 때는 비웃기도 하고, 하지 못하게 하기도 하고, 야단을 치기도 해. 하지만 상대방을 있는 그대로 인정해 주면 어떨까?

예를 들면 끊임없이 수다스럽게 말을 많이 하는 아이가 있어. 말이 너무 많은 아이가 염려스럽기도 하고 주변 사람들은 힘들기도 하지. 그래서 아이가 말하는 것을 막는다면 어떨까?

"넌 무슨 말이 그렇게 많니? 말은 많은데 필요한 말은 하나도 없고. 말 좀 그만해."라는 말을 듣는다면 그 아이는 어떤 기분일까?

 그 아이가 혹시 저를 말씀하시는 건 아니죠? 제가 말이 좀 많은데… 제가 그런 말 들으면 정말 상처받을 거 같아요. '다시는 한마디도 하지 않을 거야.'라고 결심할지도 몰라요.

 네가 그런 결심한다고 정말 말을 한마디도 안 하고는 못 살걸?

정말 너랑 말 한마디도 안 하고 싶어진다.

그만, 그만. 서로 상처 주는 말은 하지 말기로 하자. 우리도 모르게 말하다 보면 상대방에 대해 좋은 점보다는 안 좋은 것을 이야기하는 경우가 많지. 그것도 상대방을 그대로 인정해주지 않고 '너는 좀 달라져야 해'라고 강요하는 거란다.

위와 같이 말이 너무 많은 아이에게 말을 못 하게 하는 것보다, 말을 많이 하니까 분위기를 띄울 수 있다는 등의 좋은 점들을 먼저 발견해 주면 어떨까? 또는 그냥 누군가는 말을 많이 하고, 누군가는 말을 잘 하지 않는다는 것을 있는 그대로 인정해 주는 거야. 그것에 대해서 좋다 나쁘다는 평가를 하는 것이 아니고.

 와~ 선생님, 정말 좋은 말씀이세요. 제가 하는 모든 말과 행동을 '잘했다, 잘못했다'로 평가하려는 사람들이 너무 많아요. 제가 고쳐야 할 게 많기는 하지만, 그래도 매일 평가 하는 말로 제게 이야기하면 고치고 싶다가도 안 고치고 싶어져요.

고쳐야 할 것이 있다는 것을 이미 알고 있다면 앞으로 점점 변화되어 가겠구나. 그렇게 스스로 깨달아서 변화하는 것이 좋을 것 같지? 누군가 강요하면 우리의 청개구리 마음이 더 많이 되살아나니까 말이야.

놀이 교육으로 즐거운 가운데
자존감 쑥쑥

News  신나는 미디어 신문

최근 초등학교 3학년 자녀는 둔 학부모 A씨는 고민이 많다. 좋은 교육 프로그램이라고 광고하는 것을 보면 내 아이도 저것을 시켜야 하는 것이 아닌가 하는 생각이 들었다. 그래서 아이를 학원에 보냈는데, 아이의 나이에 맞지 않는 어려운 수준으로 진행하는 교육에 아이가 힘들어했다. A씨가 봐도 초등 수준이 아닌 중등 수준 이상으로 보였다. A씨는 과감하게 그 교육을 그만두었다.

그 후, 아이 수준에 맞는 교재를 선정하여 아이와 읽고 이야기를 나누었다. 그 교재는 보드게임을 할 수 있는 자료도 포함돼 있어 온 가족이 게임을 했다. 게임인 것 같은데 내용은 교재에 포함된 교육적인 것이었다. 아이는 게임도 즐기고, 자신의 생각을 맘껏 이야기하며 자신감에 넘쳤다.

아이들에게 필요한 것은 아이들이 하고 싶은 것을 하고, 즐겁게 참여하는 것이다. 좋아하는 활동을 통해 즐거운 교육이 사회성을 기르고 자존감을 높일 수 있다. 교육 전문가들은 주입식 교육이 아니라 놀이를 통한 교육으로 인성이 기본인 교육이 우선해야 한다고 밝혔다.

-박신나 기자

책임감 길러주는
애완동물

동화를 통한
자존감 이야기

〈쉿! 엄마에겐 비밀이야〉

사랑과 책임을
키워주는 애완동물

책임감 길러주는
애완동물

〈쉿! 엄마에겐 비밀이야〉
사랑과 책임을 키워주는 애완동물

::: 동화 속으로

너희들도 동물 좋아하니? 어떤 동물을 좋아하니?

 강아지요.

 저는 고양이 키우고 싶어요.

이 책의 주인공 민준이와 민경이도 너희만큼 애완동물을 좋아하는 아이들
이란다. 그런데 엄마는 애완동물을 절대 키울 수 없다고 하시지. 두 아이는
엄마 몰래 옥상에서 햄스터를 키우고 있단다. 할머니와 아빠가 주신 용돈으

로 햄스터의 먹이를 사기도 하고, 새로 집을 만들어주기도 하며 햄스터를 돌
보지. 그런데 어느 날, 햄스터가 감쪽같이 사라졌어. 두 아이는 햄스터를 찾
으러 다니지만, 햄스터는 어디에도 없지. 펑펑 우는 누나를 위로하는 민준이
와 누나 민경이의 비밀의 햄스터는 어디로 갔을까?

::: 작가 소개

은효경

이 이야기는 작가가 직접 경험한 것을 바탕으로 쓴 동화라고 해.

 와~ 그럼 실제로 있었던 이야기예요?

그렇다는구나. 이 이야기는 〈아동문학〉이라는 책에서 공모하는 동시부분
에서 신인상을 수상한 작품이란다. 일반 동시는 짧지만, 이 동시는 아주 긴
사설동시였대. 이 동시를 이야기로 만들면 아이들이 좋아할 것 같다며 동화
로 써 달라는 요청을 받고 쓴 동화라고 하는구나.

작가는 두 아이를 키우면서 강아지, 고양이, 기니피그, 병아리, 오리, 토끼,
구피, 햄스터 등등 많은 동물들을 키웠다고 해. 키우던 병아리가 죽어서 아
이들이 잠을 안 자고 손안에 병아리를 들고서 울기도 했대. 키우던 강아지
가 교통사고로 다리 수술을 하는 동안 온 가족이 밤을 지새기도 했다는구

나. 원래 동물을 안 좋아하던 작가는 아이들이 간절히 원하는 바람에 많은 동물들을 키워가면서 동물에 대한 애정이 점점 커졌다고 해. 아이들이 작가를 변화시킨 거지.

작가는 오랫동안 아이들과 책 읽기를 최고의 행복으로 생각하며 지내서 그런지, 이 동화도 행복한 기운이 느껴지는구나.

::: 표지 읽기

이 책의 표지에 주황색 우산을 쓴 행복한 두 아이와 밤톨이가 보이니?

 네, 보여요. 여자아이가 손으로 '쉿' 하며 조용히 하라는 모습이 재미있어요.

그래 맞아.

"우리의 비밀을 지켜주세요."라고 말하는 것 같지.

옆에 있는 동생은 햄스터를 손바닥 위에 올려놓고 해맑게 웃으며 좋아하는구나. 두 아이의 표정에서 장난기와 행복이 느껴지지? 비 오는 날의 이야기 장면을 그대로 보여주는구나.

반려동물

반려동물은 사람이 정서적으로 의지하고 가까이 두고 기르는 동물을 말하는데, 단순한 동물이 아니라 가족으로 받아들여 돌보고 교감하는 관계를 말한단다. 그래서 고양이나 강아지 등을 형제나 자식같이 생각하는 사람들이 늘고 있지.

 그런데 동물이 사람과 정말 가족이 될 수 있어요?

너희들은 어떻게 생각하니? 정답이 있는 문제가 아니라서 말이야.

 저는 같이 밥 먹고 자고, 서로 좋아하며 같이 살고 있는 동물은 가족이라고 생각해요.

 애완동물이 예쁜 건 맞지만, 어떻게 엄마 아빠하고 똑같은 가족이 되는지 저는 좀 이해가 안 돼요. 동물은 그냥 동물이지 사람은 아니니까요.

 그렇게 생각하니까 키우다가 아프거나 불편하면 버리는 거야. 가족이라고 생각하면 끝까지 잘 돌볼 거 아니야. 애완동물은 키우는 그 순간부터 가족이라고 여겨야 해.

너희 둘은 생각이 다르구나. 너희들처럼 사람들은 각자 생각이 다 다를 수 있어. 애완동물을 가족이라고 생각해서 잘 돌보다가 늙어서 죽음을 맞이하면 장례식까지 지내기도 하지. 동물 장례식 지내는 것에 대하여 반대하는 사람들도 있단다. 이런 생각들은 맞고 틀리는 문제는 아니란다. 생각이 다르다는 거지.

단, 다른 사람들에게 피해를 끼치지 않아야 하지. 내게는 가족같이 소중한 반려동물이지만 다른 사람에게 피해를 준다면 그 책임은 전적으로 반려동물을 키우는 사람이 져야지. 예전에 연예인 최시원 씨 가족이 키우던 개가 사람을 물어서 사망하는 사고가 있었지. 그 사건 이후 개에 대해 공포심을 갖는 사람도 있었고, 대책으로 개에게 입마개를 씌운다거나 목줄을 꼭 해야 하는 것이 의무가 되었어.

내가 사랑하는 반려동물이 다른 사람들에게는 위험한 동물로 보일 수도 있다는 것을 알고, 키우는 사람들이 잘 관리해야겠지.

::: 등장인물의 입장에서 생각해보자

나는 민준이야. 누나와 같이 햄스터를 키우고 있어. 우리집 베란다에 햄스터를 키울 수 있다는 것이 정말 기뻐. 옥상에서 햄스터를 키울 때는 조마조마했어. 경비아저씨나 엄마가 아시면 우리는 햄스터를 빼앗길 테니까.

손안에 쏙 들어오는 작고 귀엽고 보들보들한 햄스터는 정말 예뻐. 그리고 그 햄스터를 키우면서 잘 돌봐야겠다는 마음을 먹었어. 엄마가 나를 돌보는 그런 마음이 내가 햄스터를 돌보는 마음과 같은 건가? 먹이도 제때 주어야 하고, 톱밥도 잘 깔아 주어야 해. 내가 할 일이 많다는 거지. 그런데 귀찮거나 힘들지 않고 즐거워.

그런데 가끔 '밤톨이와 밤순이도 나처럼 즐겁고 행복할까?'라는 생각을 했어. 내가 밤톨이라면 작은 집 안에 갇혀 있는데 답답할 것 같았거든. 엄마가 밖에 못 나가게 할 때면, 나는 내 방에서 너무 답답해 하니까. 나는 밤톨이를 작은 집안에 가둬두고 보니까 좋은데, 밤톨이는 쳇바퀴를 돌리면서 매일 똑같은 것만 반복하니까 지루할 거 같아. 그래서 어느 날은 밤톨이 집 문을 열어주고 싶기도 해. 밤톨이와 밤순이가 가고 싶은 곳에 맘껏 갈 수 있도록 말이야.

나와 같은 생각을 한 내 친구 연철이가 실제로 햄스터를 공원 나무 아래에서 놔주었대. 햄스터는 한동안 그곳에서 움직이지도 않더니 지켜보다 한눈파는 사이에 없어졌대. 자유를 찾아서 간 거지. 그런데 연철이가 집에 와서 그 이야기를 큰형에게 했대. 그런데 연철이 형이 말하기를

"태어나서 작은 집 안에서만 살던 햄스터가 넓은 공원에서 잘살기 힘들 텐데. 그곳에는 도둑고양이들도 있고, 햄스터들이 먹을 만한 것을 제대로 찾기도 어려울 거야. 야생에서 살아보지 않은 햄스터를 훈련하지도 않고 야생에 보내버리는 것은 위험한 일이야."

연철이는 그 말을 듣고 울어 버렸대. 햄스터에게 미안해서 놓아준 공원에

가서 주변을 찾아도 햄스터는 못 찾았다고 해. 연철이 이야기를 듣고 나는 우리 밤톨이와 밤순이는 그냥 우리집 베란다에 두기로 했어. 그 대신 내가 잘 돌보고, 사랑해 줄 거야.

::: 자존감을 지켜주세요

책임감 있게 동물을 돌보는 아이들이 자존감이 높아요

 저는 애완동물 키우고 싶은데 엄마가 못 키우게 해요.

 엄마들은 대부분 애완동물 키우는 것에 반대하시지. 우리 엄마도 반대하셨는데, 내가 설득 했어.

엄마를 설득했다고? 대단하구나. 어떻게 설득했니?

 엄마는 애완동물 키우면 엄마 일거리 늘어난다고 싫으시대요. 그래서 제가 키우고 싶은 동물에 대하여 10페이지 정도 글을 썼어요.

 10페이지나 썼다고? 뭘 썼는데?

 일단 강아지에 대해 조사를 했어. 강아지의 특징과 강아지의 종류, 강아지의 습관들, 그리고 감동적으로 주인을 살린 강아지 이야기 등도 조사했지. 또 내가 키우고 싶은 강아지의 종류, 그 강아지를 키웠을 때 내가 할 일을 아주 자세하게 썼어. 똥을 치우는 방법이라든지, 훈련을 시키는 방법, 그리고 강아지를 키우면서 더 공부도 열심히 할 거라고 다짐했지. 하루에 어떤 방법으로 얼마나 공부를 더 할지도 계획했어. 강아지 키웠을 때, 나는 책임감 있게 내 할 일을 잘할 거라고 약속도 드렸어. 엄마가 그걸 보시더니 감동하셨어. 그래서 강아지를 키우게 됐지.

뭐야, 너는 글 잘 써서 강아지 키우게 된 거야?

그게 아니지. 나는 강아지를 키우면서 더 부지런해졌어. 강아지가 많이 먹고, 똥도 많이 싸거든. 일주일에 한 번은 아빠와 같이 목욕도 시켜야 하고, 산책도 해야 하고. 덕분에 아빠랑 시간을 많이 보내. 그리고 내가 약속한 거니까 공부하는 시간도 더 늘어났어. 결론적으로 내가 약속을 잘 지키니까 엄마도 강아지를 받아들여 주신 거지.

약속만 하고 지키지 않았다면 가족끼리 계속 갈등이 생기고 사이가 나빠진단다. 애완동물을 키운다는 것은 그만큼의 책임도 져야 하고, 부지런해져야 하는 것도 사실이구나. 참 대단하네.

나도 한번 해볼까?

중요한 건 정말로 책임감 가지고 할 수 있는지 자기 스스로 먼저 생각해 봐야 해.

반려동물

News   신나는 미디어 신문

반려동물을 기르는 가구가 늘어나면서 2014년부터 동물 등록제가 도입됐다. 동물 등록제는 키우는 동물의 보호와 유기 방지 등을 위하여 등록해야 한다.

외출 시에는 반려동물 소유자의 성명, 주소, 전화번호 등이 기재된 전자태그 등의 인식표를 부착해야 한다. 하지만 최근 조사 결과 42.9%가 반려동물 등록을 마쳤다. 등록하지 않은 이유로는 필요성을 느끼지 못했거나, 등록 방법을 모른다는 대답이 전체 67.4%에 달했다.

명절 연휴나 휴가철에는 많은 반려동물들이 버려지고 있다. 매년 버려지는 동물이 10만 마리로 점점 증가하고 있다. 명절에 집을 비울 때 반려동물을 맡길 곳이 부족하고, 맡기는 비용도 비싸다는 이유로 버려진다. 버려지는 반려동물이 많아지면서 사회적 문제가 되고 있다.

동물 등록제는 버려지는 유기동물을 막을 수 있고, 반려동물에 대한 책임을 질 수 있는 제도라는 의견이 있다. 하지만 유기동물의 문제는 동물 등록제와 같은 제도가 아니라, 명절 등의 집을 비울 때 반려동물을 안전하게 맡길 곳이 많아져야 한다는 의견도 많다.

반려동물 수가 점점 증가하고 있는 시점에서 지자체에서 좀 더 적극적인 방법을 찾아야 한다는 요청이 늘고 있다.

-박신나 기자

자존심이 아닌,
자존감을 키우자!

동화를 통한
자존감 이야기

〈어린왕자〉

마음과 같은
이야기를 해요

자존심이 아닌,
자존감을 키우자!

〈어린왕자〉
마음과 같은 이야기를 해요

::: 동화 속으로

비행기를 타고 세계 일주를 하던 비행사가 기관 고장으로 아프리카 사하라 사막 한가운데에 불시착했어. 비행기를 고치던 비행사는 소혹성 B612에서 왔다는 어린왕자를 만나게 되지. 어린왕자는 비행사에게 양을 그려달라고 했어. 그런데 비행사가 그린 그림을 보고는 마음에 들지 않는다고 하는 거야. 그래서 비행사는 상자를 그려주었어. 어린왕자는 상자 안에 양이 있다고 만족해했어. 추락 후 며칠이 지나고, 어린왕자는 바오밥나무 이야기를 시작으로 어린왕자가 살던 별의 이야기와 지구에 오기까지의 별 여행 이야기를 들려준단다. 친구들도 어린왕자의 여행 이야기가 궁금하지? 우리 함께 읽어 보자.

생텍쥐페리

이 책을 쓴 생텍쥐페리 아저씨는 세계적으로 유명한 프랑스의 소설가야. 아저씨의 어릴 적 꿈은 화가였어. 그래서 미국에서 발표한 〈어린왕자〉에 아저씨가 직접 그림도 그렸지. 우리가 잘 아는 어린왕자의 모습은 물론이고, 양이 들어있는 상자나, 보아뱀을 삼킨 코끼리 등도 모두 생텍쥐페리 아저씨의 작품이란다.

생텍쥐페리 아저씨의 또 다른 작품으로는 〈인가의 대지〉, 〈야간비행〉, 〈전투 조종사〉 등이 있어.

 비행기가 생각나는 책이 많아요.

맞아. 아저씨는 군대에 입대한 후 비행기를 수리하는 일을 했어. 그러면서 비행기 조종사 자격증을 따게 되어, 공군 조종사로 일했었지. 이후에는 결혼할 약혼자의 반대로 자동차 회사, 민간항공회사에서 근무하게 돼. 하지만 우편물을 나르는 항공 회사로 옮겨서 우편을 나르는 야간 비행을 하게 되지. 이때의 경험을 담은 책이 바로 〈야간비행〉(1929년)이란다.

이렇게 비행을 하던 어느 날 리비아 사막에 출동했다가 불시착하여 어려움을 겪게 돼. 이때의 경험들을 기억하셨던 아저씨는 1943년에 〈어린왕자〉를 발표하게 되지.

그런데 왜, 어린왕자는 미국에서 처음 나왔어요? 생텍쥐페리 아저씨는 프랑스 사람이잖아요.

오~. 예리한 질문이네. 프랑스가 독일과의 전쟁에서 지게 된단다. 그래서 미국으로 망명을 하게 돼. 그 이후 미군 조종사로 활약하다가 프랑스 정찰을 나간 후 실종되셨어. 그로부터 오랜 시간이 흐른 후에 프랑스 남부의 바다에서 그의 이름이 새겨진 팔찌가 발견되었단다.

● **망명:** 위험을 피해 남의 나라로 몸을 옮김.

 슬퍼요. 그런데, 어린왕자랑 저랑 나이 차이가 엄청 많이 나네요!

하하하. 그렇게 되나?

::: 표지 읽기

책 표지에 뭐가 보이니?

 어린왕자요. 그리고 노란 해? 아니다! 달? 아니, 행성인가?

어린왕자가 자신의 별 위에 서 있는데, 별이 그렇게 커 보이지 않지? 그럼 지구는 아닐 테고. 저 별이 어린왕자가 살던 B612라면, 달은 아닐 것 같아! 그리고 주변에 별도 보이고, 작은 꽃과 화산도 보이네.

 선생님! 배경 색깔이 황토색이에요. 이건 사막을 의미하는 것 같아요.

오! 색깔로 무엇을 나타냈는지를 유추도 하는구나. 사실 이건 어디까지나 우리들의 생각이라서 정확하게 "맞아!"라고 대답할 수는 없지만, 선생님도 바탕색을 보며 생텍쥐페리 아저씨가 불시착한 사막을 떠올렸단다.

 그런데, 이 어린왕자는 제가 본 어린왕자랑 달라요!

작품에는 저작권이라는 것이 있단다. 저작권이란 어떤 사람이 창작하여 만든 것에 대한 권리를 주는 것을 말해. 즉, 그것을 처음 만든 사람의 노력과 가치를 인정하고, 권리를 보호해 주어야 한다는 것이지. 저작권은 글에도 있지만, 그림에도 있고, 음악이나 무용, 미술, 건축 등 다양한 것에 있단다. 그러니 보호해 주어야 할 다른 사람의 권리를 함부로 가져와서 쓰면 안 되겠지.

어린왕자 모습이 다르다고 질문했는데, 왜 저작권 이야기를 했는지 궁금하지? 우리 친구들 짐작대로, 〈어린왕자〉는 글과 그림에 저작권이 있어서, 똑같이 옮기는 것이 금지되어 있단다.

 아! 그래서 책마다 그림이 다른 거군요.

그래 맞아. 표지를 살펴봤으니, 이제 책 속으로 들어가 보자.

마음이 하는 말, 입으로 나오는 말
너희는 〈어린왕자〉에 등장하는 것 중에서 무엇이 가장 기억나니?

 저는 사막여우요. 언젠가 동물원에 갔을 때 실제로 보았는데, 책에 있는 그림
처럼 정말 귀여웠어요. 사막여우가 하는 이야기도 정말 따뜻하고 좋아요.

그랬구나. 선생님은 오늘 너희들과 함께 B612호에 살고 있는 꽃 이야기를
하려고 해. 생텍쥐페리 아저씨는 동화에서 그 꽃을 '소박하다'고 표현하셨지.
사실 장미를 보고 소박하다고 말하는 사람은 많지 않아. 그러나 꽃이 한 송
이만 피어 있다면 소박하게 보이기도 할 거야.

어린왕자는 이 꽃을 특별하게 생각하여, 유리 고깔을 씌우고 정성스럽게
보살폈지. 이 꽃은 어린왕자의 별에서 어린왕자와 이야기를 나눌 수 있는 단
하나의 친구이기도 했지. 하지만 어린왕자가 별을 떠나기로 마음먹은 것도
이 꽃 때문이었단다.

꽃은 늘 오만과 허영이 가득한 이야기를 해서 어린왕자를 지치게 만들었
어. 오만과 허영이 뭐냐고? '오만'이란, 행동이 건방지거나 잘난 체하며 남을

낮게 보는 것을 말해. 그리고 '허영'은 자기에게 맞지 않게 필요 이상으로 돈이나 물건을 많이 소비하는 것을 말하거나, 실속이 없이 겉모습만 요란하게 꾸미고 속은 비어있을 때 쓰는 말이야.

 그럼 그 꽃이 건방지고, 잘난 체하고, 겉모습만 요란하게 꾸며서, 어린왕자가 꽃의 곁을 떠났다는 거네요.

맞아! 꽃은 허영심에 가득 찬 말을 하거나, 때때로 아무렇게나 말해서 어린왕자의 마음에 상처를 주었지. 예를 들면, 어린왕자가 떠나던 날에는 우는 모습을 보이지 않으려고 거만하게 굴었지. 그리고 자신에게는 가시가 있어서 호랑이도 무섭지 않다고 거짓말을 하며 허세를 부리고 말이야. 사실은 무서우면서 무섭지 않다고 말하고, 우는 모습을 보이지 않으려고 잘난 척을 했는데, 어린왕자는 그것을 제대로 알아주지 못하고 떠난 거야.

> ● **거만**: 잘난 척, 으스댐.
> ● **허세**: 실속이 없이 겉으로만 보이는 기세.

꽃은 진실을 말하는 것이 가장 좋은 대화라는 걸 몰랐나 봐요!

그러게. 우리 친구들도 아는 것을 꽃은 몰랐었네! 그런데 친구들은 언제 마음과 다른 말을 할까?

• 쑥스럽거나 부끄러워서 나를 드러내고 싶지 않을 때

- 친구와 싸워서 나를 강하게 보이고 싶을 때

- 무언가가 귀찮아서 아무것도 하고 싶지 않을 때

- 좋아하는 마음을 먼저 들키기 싫거나, 직접 말하기 싫을 때

그렇구나. 그럴 때 있는 그대로 말하면 참 좋을 텐데 말이야. 사실 꽃도 어린왕자가 떠나기 전에 자신의 마음을 있는 그대로 이야기했단다. '좋아한다.' 고 말이야. 하지만 어린왕자는 늘 함부로 말하는 꽃의 말을 믿을 수가 없었어. 그래서 결국, 별을 떠나게 된 거야.

 한 사람이 다른 사람의 마음을 알아주고, 이해해 준다는 것은 매우 어려운 일 같아요.

그렇지! 그렇기 때문에 다른 사람이 내 마음을 똑바로 알아주기를 바란다면 제대로 이야기를 해야 해. 그렇지 않으면 상대방이 내 마음을 똑바로 알아들을 수가 없게 되지. 하지만 많은 사람들은 다른 사람이 나의 마음을 알아주기를 바라면서도, 반대로 말할 때가 있어. 어린왕자나 장미처럼 말이지.
그런데 여우가 어린왕자에게 '오직 마음으로 보아야 잘 보인다.'고 말하면서, 어린왕자가 가장 중요한 걸 보지 못했다고 이야기하지. 어린왕자가 보지 못한 것이 무엇이었을까?

 장미의 말속에 숨겨진 진짜 마음이요!

그러고 보니 말을 하는 것도 중요하지만, 그 말을 잘 알아듣는 것도 정말 중요한 것 같지? 말은 나의 자존감뿐만 아니라, 다른 사람의 자존감을 높여줄 수도 있지만, 반대로 나와 다른 사람의 자존감을 바닥으로 떨어뜨릴 수도 있어. 그러니 말을 제대로 하고, 제대로 이해하려는 노력을 해야겠지.

::: 등장인물의 입장에서 생각해보자

B612의 소박한 꽃은 어린왕자가 떠난다고 하자 '좋아한다'고 자신의 마음을 있는 그대로 이야기하지. 그동안 마음에 있는 이야기를 하지 않던 장미가, 왜 지금에서야 마음에 있는 말을 그대로 했을까?

그동안은 어린왕자가 떠날 줄 몰랐기 때문에 그랬을 것 같아요. 그리고 지금은 어린왕자가 떠난다고 하니까, 떠나지 말라고 한 말이었을 것 같아요.

그래. 어린왕자는 별을 떠나서 여행하다 보면 장미를 이해할 수 있을지도 모른다는 생각으로 꽃을 정말 떠난단다. 이렇게 어린왕자와 꽃은 서로의 마음이 통하지 않은 채 멀리 떨어지게 되지.

혹시 우리 친구들은 꽃처럼 자신이 했던 말 가운데, 마음과는 다르게 내뱉어서 내가 생각하지 못했던 결과를 가져온 적 없었니?

말이 아니라 마음과는 다른 행동 때문에 곤란을 겪은 적이 있어요. 저는 그 친구와 친해지고 싶어서 툭툭 건드렸던 것인데, 친구가 선생님께 제가 찌르고 괴롭혔다고 일러서 많이 혼나고 옆에 있지 말라는 경고도 받은 적이 있어요. 그냥 처음부터 친구 하자고 했으면 좋을 텐데 말이에요.

 친구들이 같이 놀자고 불렀는데, 처음부터 '그래' 하면 같이 놀 사람이 없는 아이처럼 보일까 봐 한 번은 '아니' 하고, 두 번 세 번 물으면 '그래' 하려고 처음 물음에 '됐어'라고 말했는데 정말 혼자가 되어서 외로웠던 경험이 있어요.

그런 일들이 있었구나. 어른들이 흔하게 쓰는 말로, '내 마음 같지 않다'는 말이 있지. 이 말은 '누군가가 나의 마음을 몰라줄 때'나 '누군가의 마음이 나의 마음과 다를 때' 쓰는 말이란다. 이 말처럼 우리들은 각자 다른 마음을 갖고 살아가기 때문에, 다른 사람이 나의 마음을 한 번에 알아주기란 쉽지 않단다. 그렇기 때문에 말을 할 때도 제대로 해야 하고, 또 들을 때에는 말의 뜻을 제대로 알아들으려고 노력해야 하는 거란다.

어린왕자도 책이 끝날 무렵이 되어서야, 장미가 왜 그랬는지를 알게 되잖아. 그 허영과 오만에 찬 말들이 사랑의 표현이었다는 것을 말이야. 그래서 결국 자기 별로 돌아가게 되지.

::: 자존감을 지켜주세요

마음이 하는 말 알아듣기

지금까지 우리는 마음이 하는 말에 대해 알아보았어. 꽃은 어린왕자가 이해할 수 있도록 마음에 있는 말을 그대로 하고 있는지, 그리고 어린왕자는 꽃이 하는 말을 얼마나 제대로 이해했는지를 말이야.

그렇다면 나는 나에게 얼마나 정직하게 말하고 있을까? 무슨 이야기냐고? 가끔 그럴 때 있잖아. 괜찮지 않은 데 괜찮다고 말하면서 나의 마음을 모른 척하는 거 말이야. 넘어져서 아플 때는 아프다고 말을 해야 하는데, 무조건 그냥 씩씩하라고 하는 거 말이야.

내가 나를 안다는 것은 아주 중요하지. 왜 아픈지, 어디가 아픈지, 무엇 때문에 아픈지를 생각해 보아야, 기억할 수 있게 되고 다음에 또 그런 일이 없게 되는 거야. 다시 말하면 나 자신도 나의 마음이 그렇다는 것을 잘 이해하고, 거기에 맞춰서 긍정적으로 나아지려고 노력해야 한다는 거지. 만약 아니라고 부정하기만 한다면 마음의 아픔은 좋아질 수가 없는 거란다.

만약 마음이 하는 말을, 반대로 말 하고 싶거나 숨기고 싶어진다면, 잠시 멈추고 숨을 천천히 쉰 다음 다시 생각해 보자. 내가 마음을 있는 그대로 보여주는 것이 더 좋은지, 아니면 지금은 나의 마음을 드러내지 않는 것이 좋은지를 말이야.

나의 감정과 기분을 알아주자

News   신나는 미디어 신문

다중 지능 이론의 창시자인 하워드 가드너는 지능을 8가지로 분류했다. 언어 지능, 논리 수학 지능, 공간 지능, 신체 운동 지능, 음악 지능, 인간 친화 지능, 자기 이해 지능, 자연 친화 지능이다. 이 가운데서 강점을 보이는 분야의 지능이 결합될 때 최대의 능력이 발휘된다고 한다.

자기 분야에서 성공한 사람들의 지능을 살펴보았다.

음악을 만드는 사람은 언어 지능과 음악 지능 그리고 자기 이해 지능이 높게 나타났고, 무용가는 공간 지능과 신체 운동 지능, 자기 이해 지능이, 의사는 논리 수학 지능과 자연 친화 지능 그리고 자기 이해 지능이 높게 나타났다.

다중 지능 이론을 바탕으로 성공한 사람들이 공통적으로 가지고 있는 지능에 대해 알아보았는데, 앞의 사례와 같이 자기 이해 지능이 높은 것으로 나타났다. 자기 이해 지능이란 자기 자신을 이해하고 느낄 수 있는 인지적 능력을 가리킨다.

다시 말해서 자신의 감정과 행동, 삶의 목표 등을 정확히 알고 스스로를 적절하게 제어할 줄 아는 지능으로, 자존감과 연결된다. 살면서 부딪히는 어려운 상황에 힘들다고 외치는 나의 소리를 무시하거나 외면하지 않고, 잘 들어주는 능력이 필요한 것이다.

이를 통해 극복하는 능력, 목표를 위해 현재의 고통을 이겨내는 능력이 향상되는데, 이것이 바로 자기 이해 지능에서 오는 것이다. 또한 이러한 과정에서 자존감이 높아지는 것이다.

그러므로 나의 감정과 기분을 제대로 알고, 표현할 수 있도록 노력해야 할 것이다.

-박신나 기자

15 자존감은 외면이 아니라 내면에서!

동화를 통한
자존감 이야기

〈명품 가방 속으로 악어들이 사라졌어〉

내면의
아름다움을
가꿔요

자존감은
외면이 아니라 내면에서!

〈명품 가방 속으로 악어들이 사라졌어〉
내면의 아름다움을 가꿔요

::: 동화 속으로

이 책은 아주 작은 새우에서부터 커다란 고래까지 다양한 동물들이 살고 있는 지구에서, 사람들의 욕심 때문에 하나둘씩 사라져서 더 이상 볼 수 없게 멸종되고 있는 동물들의 이야기를 담고 있단다.

잘못된 미신으로 코끼리의 상아를 뽑고, 부자처럼 보이려고 호랑이 가죽을 벗겨 거실에 깔아 두고, 튼튼하고 질기면서도 부드럽다는 이유로 악어 가죽으로 가방을 만들고, 살아있는 동물들의 털을 뽑아 옷을 만드는 사람들의 욕심을 만날 수가 있지.

동물들도 인간처럼 지구에서 태어나 가족을 이루고 열심히 살고 있는데,

인간이 아니라는 이유로 마구 죽이고 있는 현실에 대한 정보를 담은 그림책
이란다. 더 자세히 알고 싶지 않니? 우리 함께 읽어 보자.

::: 작가소개

유다정

이 책을 쓴 유다정 작가님은 어린이들이 재미있게 읽으며 지식을 쌓을 수 있
는 책을 쓰시는 분이야. 대표적인 작품으로 〈우리 마을이 사막으로 변해 가요〉,
〈투발루에게 수영을 가르칠 걸 그랬어!〉, 〈푸른 숲을 누가 만들었나?〉 등이
있지. 책 이름에서 뭔가 느낌이 오지 않니?

 환경에 관한 이야기들이에요.

그래. 유다정 작가님은 지구 환경에 관한 정보를
재미있는 이야기 형태로 들려주시지.

::: 표지 읽기

책 표지에 뭐가 보이니?

신발도 있고, 가방이 많아요. 그리고 바닥에는 악어도 숨어 있어요.

맞아. 책 제목으로 생각해 보면 저기에 나온 가방들은 대부분 명품 가방일 거야. 그것도 악어들이 들어 있는 가방 말이야.

 악어가 가방 속에 들어있다고요?

하하하. 그렇게 생각했을 수도 있겠구나. 선생님 이야기는 악어가죽으로 만든 가방일 것이라는 말이었어.

 악어가죽으로 가방을 만들어요?

어른들은 악어가죽으로 가방이나 지갑 또는 구두 등을 만들어서 팔지. 악어가죽은 질기면서도 부드럽기 때문이야. 그런데 악어가죽이 흔하지 않기 때문에, 한 번에 많이 만들 수 없어서 매우 귀하고 높은 가격에 판매가 되고 있단다. 사람들은 그런 특별한 것을 가지고 싶어 하고, 이런 제품을 명품이라고 부른단다. 명품이라는 것은 뛰어난 물건이나, 이름이 유명한 제품을 말해. 즉, 악어가죽은 뛰어난 물건인 것이지. 이 외에도 어른들이 사용하는 제품 중에서 샤*, 루**똥과 같이 유명한 이름의 제품을 명품이라고 하지.

 그럼 인간이 유명한 제품을 가지기 위해 악어를 사냥한다는 거네요?

그렇지. 그래서 요즘은 환경 감시자들이 자연의 동물들을 보호하려고 노력하고 있단다.

자, 지금부터 책 속으로 들어가 보자.

∷ 동화로 읽는 사회 이야기

인간의 욕심으로 멸종위기의 놓인 동물들

너는 이 책에서 어떤 이야기가 가장 기억에 남니?

 밍크코트 한 벌 만드는데, 작은 밍크가 쉰다섯 마리나 필요하다는 거요. 고작 코트 한 벌을 만들겠다고 쉰다섯 마리의 밍크를 죽인다는 게 끔찍했어요.

그랬구나. 선생님도 밍크코트 한 벌을 만들기 위해 그렇게 많은 밍크를 잡아야 한다는 걸, 이 책을 통해서 처음 알게 되었단다. 그래서 선생님이 너희들과 하고 싶은 이야기는 '인간의 욕심으로 사라지는 멸종위기의 동물들' 이야기야.

멸종이란 한 종류의 생물이 완전히 없어지는 것을 말해. 생물이 사라지는 이유는 여러 가지가 있는데, 갑자기 강한 추위가 닥치거나, 뜨거운 태양열로 인한 기후 변화나 생태계 파괴 등에 의해서 멸종하지. 예를 들면 공룡이 사라진 이유는, 지구가 거대한 운석과 충돌하면서 큰 폭발이 일어났고, 그로 인한 화산재가 지구를 덮으면서 갑작스런 기후 변화가 일어났기 때문인 것처럼 말이야.

하지만 인간의 욕심 때문에 사라지는 경우도 많단다. 예를 들면 우리나라 토종 텃새였던 황새가 이제는 철새가 되었고, 더욱이 우리나라에서 알을 낳고 번식하는 것은 아예 사라졌단다. 이는 농사에 농약을 사용하고, 환경을 무분별하게 개발하고, 사냥꾼의 총에 맞아 멸종되고 있기 때문이지.

멸종은 공룡과 같이 지구에서 완전히 없어지기도 하고, 황새와 같이 한 지역에서 사라지기 시작해서 그 수가 점점 줄어드는 멸종위기종이 있단다.

 한 종류의 동물이 완전히 사라진다는 건 무서워요. 그런데 그 이유가 인간 때문이라니 더 오싹해요. 사냥꾼들은 왜 황새를 잡아요?

장수와 행복을 상징하던 황새는 우리나라에 살던 텃새였어. 높은 나무에 둥지를 틀고, 암수 한 쌍이 짝을 이루어 논을 중심으로 살았어.

황새는 쌀농사를 짓는 마을에서는 흔히 볼 수 있는 새였지. 논에 있는 미꾸라지, 개구리, 뱀 등을 잡아먹고 살았거든. 그러니 논에 황새가 있으면, 농사를 짓는 데 도움이 되었겠지? 그래서 사냥꾼은 황새를 잡아서 농촌에 싼값에 팔기 시작했지. 그런데 농사에 농약을 쓰기 시작하면서, 황새의 먹이도 사라졌고 농약에 오염된 물을 마시는 등 여러 가지 이유로 황새가 멸종위기에 놓이게 된 거야. 또, 한국전쟁과 개발 등의 사회적 이유로도 황새가 우리 주변에서 사라지게 되었지.

책 속에도 인간 때문에 사라지는 동물들이 많이 나와 있었어요. 특히 인간에게 잡혀서 장식이 된 동물들이 많았어요.

맞아. 거실에 엎드린 호랑이 가죽, 벽면을 장식한 사슴뿔, 장식장 속에 들어간 코끼리 상아 등 많은 동물들이 인간들의 전시품이 되었지. 그리고 가방이 된 악어가죽, 코트가 된 밍크의 털 등 많은 동물들이 인간의 욕심을 채우기 위해 사라져갔지.

 그런데 왜 동물들을 장식하고, 물건으로 만드는 거예요?

밀렵한 동물로 제품을 만들어서 파는 사람들에게도 문제가 있어. 하지만, 그러한 것을 사려는 사람이 있다는 것도 문제지. 만일 물건을 사려는 사람이 없다면 더 이상 동물을 잡는 사람들도 없을 테니까 말이야. 하지만 현실은 동물을 이용하여 만든, 세상에 흔하지 않은 물건을 사서 나를 드러내고 나의 능력을 보여주려는 사람이 많다는 거야. 그래서 오늘도 동물들이 인간에 의해 죽어가고 있는 거야.

● **밀렵**: 불법적으로 동물을 포획하거나 잡음.

 맞아요. 드라마에서도 보면 부자로 나오는 사람들 집 거실 벽에 사슴 머리가 걸려 있는 걸 본 적 있어요.

::: 등장인물의 입장에서 생각해보자

　그런데 말이야. 어떤 동물도 인간의 사치품이 되려고 태어나는 동물은 없을 거야. 우리가 누군가의 소유물이 되어서 시키는 대로 하기 싫은 것처럼 말이야.

　만약 우리가 이 책에 등장하는 악어였다면 어떤 생각을 했을까?

 전 인간들이 정말 싫을 것 같아요.

　선생님도 그럴 것 같아. 하지만 이렇게 사람이 나쁘기만 한 것은 아니야. 악어 그림을 로고로 사용하는 의류 회사 한 곳이 국제자연보호연맹과 손을 잡고 동물보호에 나서기도 했지. 85년간 상징처럼 사용하던 악어 로고 대신 10종의 멸종위기 동물을 새겨 넣어서, 잠시라도 멸종위기 동물 보호에 대한 경각심을 일깨우려 노력했지.

　사실, 이 지구는 인간만을 위한 곳이 아니야. 동물과 식물과 함께 살아야 조화롭고 아름다운 별이 될 수 있지. 그러니 우리가 조금 더 좋은 환경을 차지하고 있음을 알고, 공존에 대한 책임감을 가질 수 있도록 하는 것이 도리일 거야.

　지금처럼 인간의 욕심으로 인해 무분별한 포획과 사냥, 환경오염과 서식지 파괴로 동물들이 살 곳을 잃게 된다면 어떨까?

아! 인간의 미래만 고민할 것이 아니라, 동물들의 미래에 대해서도 함께 이야기 나눴어야 하네요. 특히 동물들을 잡아서 인간의 사치품으로 사용하는 것에 대한 이야기요.

그런 생각이 들지?

::: 자존감을 지켜주세요

겉이 아니라 내면의 자존감을 키우자

자존감이 낮은 사람은 존중받기 위해 물건에 집착한다고 해. 이런 제품을 소유하면 돈이 들어온다는 미신과 품위가 있어 보이고 많은 것을 가진 것처럼 보여서 자신의 자존감이 올라갈 거라는 착각 때문인 거지. 다른 사람에게 '나는 이런 사람'이라는 것을 드러내고 싶은 마음이 소비를 부추기는 거야. 즉, 자신의 낮은 자존감을 물건을 구입해서 채우려는 거지.

이런 현상은 명품의 소비에서도 확인할 수 있어. 명품시계는 오랜 기간 남성이 주요 고객이었어. 하지만 '나를 위한' 비싼 시계를 사는 여성이 점차 증가하였지. 고객 모두가 자존감 낮은 사람이라고는 할 수 없지만, 비싼 것으로 나를 채우고자 한다는 점에서는 자존감이 낮다고 볼 수 있지.

이런 소비는 남성들에게도 나타나고 있어. '아재파탈'이라는 신조어는 자신을 가꾸는 멋진 중년 남성을 뜻하는 단어인데, 아저씨의 사투리인 '아재'와 프랑스어로 치명적 매력을 가진 남자를 뜻하는 '옴므파탈'을 합친 말이지. 이 아재들은 여성의 상징이었던 뷰티와 패션에서 '더 멋진 나'를 만들기 위해 지갑을 열고 있단다.

 소비로 자존감을 채운다는 말이 무슨 뜻인지 알 것 같아요. 나의 낮은 자존감만큼 물건을 산다는 거죠?

맞아. 자존감은 자신이 얼마나 쓸모 있는 사람인지 느끼는 '자기 효능감'과, 자기 마음대로 하고 싶은 본능을 조절할 수 있는 '자기 조절감', 그리고 자존감의 바탕이 되는 '자기 안전감'으로 나누어 생각할 수 있어.

사람들은 낮아진 자존감을 소비로 회복하는 것 같지만 그건 잠시뿐이고, 그렇게 채워진 자존감을 유지하기 위해서 다시 소비를 하게 되지. 이렇게 돌고 도는 소비의 악순환이 이어지고, 결국 과소비를 하게 되는 거야.

내가 얼마나 소중한 사람인지 느끼는 '자기 효능감'을 채워야 하는데, 그게 부족한 것을 깨닫는 거야. 그래서 부족한 자존감을 일시적인 소비로 채우고 싶어지는데, 그 마음을 조절할 수 있는 '자기 조절감'이 필요한 거지. 그리고 소비의 악순환은 자존감을 높이는 데 도움이 되지 못한다는 것을 깨닫고 그것에 빠지지 않도록 노력하는 '자기 안전감'이 필요한 거야.

어때? 너는 할 수 있겠지?

나의 자존감을 높여줄 것은 명품의 소유나 보상적 소비가 아니라, 나 자신의 마음에 있음을 알아야 해. 나만 유행에 뒤처지는 것 같고, 나만 볼품없어 보이는 것 같다는 생각을 떨쳐 버리고, 모든 사람은 비슷하고 노력하는 사람이 한발 더 나아간다는 것을 알아야 하는 거지.

　자, 이제 나의 자존감을 높이기 위해 명품을 소비하기보다, 내 삶을 행복하게 해 줄 추억을 쌓아보는 건 어떨까? 긍정적인 생각으로 웃는 일을 만들고, 책을 읽으며 지식과 지혜를 키우고, 친구와 함께 어울리며 기쁨을 만들고, 타인에게 배려를 하며 뿌듯함을 느끼는 경험을 통해 행복할 수 있도록 말이지.

드러난 아름다움이 아니라
내면의 아름다움을 알아보자

News　　　　　　　　　　　　　　　신나는 미디어 신문

한때 개그의 소재로 못생긴 사람과 예쁘고 잘생긴 사람에 대한 비교가 넘쳐났다. 그뿐만 아니라 살찌고 못생긴 여자가 예쁜 척을 하면 남자들이 질색하는 콘셉트의 개그들도 선보였다. '개그는 개그일 뿐, 오해하지 말자'를 외치며 그저 유머이기 때문에 아무 생각 없이 웃으면 그만이었던 때가 있었다.

하지만 태어나기 전에 선택할 수 없는 생김새로 사람을 평가하고, 잘생김과 못생김으로 분류하며, 모두의 웃음거리로 만드는 것은 타인의 자존감을 깎아내리는 일이 된다.

그러나 더욱더 슬픈 것은 외모의 기준이 예쁨과 날씬함으로 정해져 있는 사회에서는, 자존감에 상처 입은 사람이 타인을 바라볼 때 똑같은 상처를 준다는 것이다. 한 가지로 획일화된 기준으로 자신과 가족, 그리고 친구들에게 같은 상처를 준다는 것이다.

키의 길고 짧음, 체형의 날씬함과 뚱뚱함, 돈의 많고 적음과 같은 것은 사람이 얼마나 아름다운지를 제대로 판단할 수 있는 기준이 될 수 없다. 그 사람이 진정 아름다운지를 알기 위해서는 겉으로 드러나는 모습이 아니라, 내면의 아름다움을 볼 수 있어야 한다. 내면의 아름다움은 자존감이 높은 사람에게서 빛을 발한다.

그러므로 다른 사람들이 만들어 놓은 획일화 된 기준이 아니라, 자신만의 기준으로 내면의 아름다움, 즉 자존감이 높은 사람인지 아닌지를 판단할 수 있는 눈을 키워야 할 것이다.

-박신나 기자

박 점 희

교육전문가이자 '신나는 미디어교육'의 대표다. 한국언론진흥재단에서 학생과 학부모, 교사를 대상으로 미디어 리터러시 강의를 하고 있다. 또 교육지원청을 비롯한 전국의 교육청과 인천북구도서관 외 지역 도서관에서 강사로 활동 중이다.

〈한국교육신문〉과 〈한국독서신문〉 등에 칼럼을 기고했고 경향신문의 NIE 전문 일간지 〈열려라 신문나라〉의 편집팀장을 역임했다. 현재도 〈소년한국일보〉에서 어린이 사설 등을 쓰며 미디어 리터러시 활동을 꾸준하게 하고 있다.

EBS 〈교육마당〉, 쿡TV 〈우리 아이 글로벌 리더로 키우기〉, 조인스TV 〈열려라 공부 시즌 2〉 등 다양한 매체에 출연했다. 저서로는 《학습일기 만점 공부법》, 《체험활동이 아이의 미래를 좌우한다》 등이 있다.

은 효 경

교육전문가이자 '신나는 미디어교육'의 공동대표다. 한국언론진흥재단에서 학생과 학부모, 교사를 대상으로 미디어 리터러시 강의를 하고 있다. 또한 〈소년한국일보〉 객원기자로 뉴스를 쓰는 등 미디어 리터러시 활동을 이어가고 있다.

2007년 아동문학세상 동시 부문 신인상을 수상했고, 글을 쓰며 아이들과 함께하는 다양한 활동을 연구 중이다. 저서로는 《쉿! 엄마에겐 비밀이야》가 있다.